Histoires Courtes en Danois

Apprendre l'Danois facilement en lisant des histoires courtes

Oscar Jensen

greenthumbpublishing@gmail.com

Contenu

Introduction

Lire dans une langue étrangère est l'un des moyens les plus efficaces d'améliorer ses compétences linguistiques et d'enrichir son vocabulaire. Cependant, il est parfois difficile de trouver des supports de lecture attrayants, d'un niveau approprié, qui procurent un sentiment de réussite et de progrès. La plupart des livres et articles écrits pour des locuteurs natifs peuvent être trop longs et difficiles à comprendre ou contenir un vocabulaire de très haut niveau, de sorte que vous vous sentez dépassé et abandonnez. Si ces problèmes vous sont familiers, alors ce livre est pour vous !

Histoires Courtes en Danois est une collection de 25 histoires courtes non conventionnelles et divertissantes qui sont conçues pour aider les apprenants de niveau débutant à intermédiaire Danois à améliorer leurs compétences linguistiques.

Ces histoires courtes créent un environnement propice à la lecture en incluant ;

- Un contenu linguistique riche dans différents genres pour vous divertir et vous exposer à une variété de formes de mots.
- Des histoires plus courtes en chapitres pour vous donner la satisfaction de terminer des histoires et de progresser rapidement.
- Des textes écrits à votre niveau afin qu'ils soient plus facilement compréhensibles et ne vous dépassent pas.
- Traduction française sur des pages alternées afin que vous puissiez vous y référer directement ligne par ligne tout en lisant l'histoire Danois.
- Le vocabulaire clé est imprimé en gras tout au long

de l'histoire et de la traduction pour vous aider à comprendre plus facilement les mots qui ne vous sont pas familiers.
- Des questions de compréhension pour tester votre compréhension des événements clés et vous encourager à lire plus en détail.

Que vous souhaitiez enrichir votre vocabulaire, améliorer votre compréhension ou simplement lire pour le plaisir, ce livre est le plus grand pas en avant que vous ferez dans vos études cette année. Histoires Courtes en Danois vous apportera tout le soutien dont vous avez besoin, alors asseyez-vous, détendez-vous et laissez libre cours à votre imagination en vous laissant transporter dans un monde magique d'aventures, de mystères et d'intrigues - en Danois!

Comment utiliser ce livre

La lecture est un talent difficile à maîtriser. Nous utilisons toute une série de micro-compétences pour nous aider à lire dans notre langue maternelle. Par exemple, nous pouvons parcourir un passage pour en comprendre le sens, ou l'essentiel. Nous pouvons aussi passer au peigne fin les nombreuses pages d'un horaire de train à la recherche d'une heure ou d'un lieu précis. Si ces micro-compétences sont une seconde nature lorsque nous lisons dans notre langue maternelle, les recherches révèlent que nous en oublions souvent la plupart lorsque nous lisons dans une langue étrangère. Lorsque nous apprenons une langue étrangère, nous commençons généralement par le début d'un texte et le parcourons en essayant de comprendre chaque mot. Inévitablement, nous rencontrons des termes peu familiers ou complexes et nous sommes gênés par notre incapacité à les comprendre.

L'un des principaux avantages de la lecture dans une langue étrangère est que vous êtes exposé à un grand nombre de phrases et d'expressions utilisées dans des situations quotidiennes. La lecture extensive est un terme utilisé pour décrire la lecture pour le plaisir dans le but d'apprendre une langue. En d'autres termes, la lecture approfondie de manuels scolaires aide généralement à l'apprentissage des règles de grammaire et d'un vocabulaire particulier, mais la lecture extensive d'histoires aide à l'apprentissage du langage naturel.

Histoires Courtes en Danois vous donnera l'occasion d'en apprendre davantage sur la langue naturelle Danois en usage, même si vous avez peut-être commencé votre voyage d'apprentissage des langues uniquement avec

des manuels. Voici quelques conseils à garder à l'esprit lorsque vous lirez les histoires de ce livre pour en tirer le meilleur parti : Lorsqu'il s'agit de lire, le plaisir et le sentiment d'accomplissement sont essentiels. Vous en redemandez parce que vous aimez ce que vous lisez. Lire chaque histoire du début à la fin est la meilleure méthode pour prendre plaisir à lire des histoires et se sentir accompli. Par conséquent, la chose la plus cruciale est d'arriver à la fin d'une histoire. C'est en fait plus important que de connaître chaque mot.

Plus vous lisez, plus vous acquerrez de connaissances. Vous aurez rapidement une connaissance du fonctionnement de la Danois si vous lisez de gros livres pour le plaisir. Cependant, gardez à l'esprit que pour tirer tous les bénéfices d'une lecture extensive, vous devez d'abord lire un volume suffisamment important. Lire quelques pages ici et là peut vous apprendre quelques nouveaux mots, mais cela ne fera pas une différence significative dans votre niveau global de Danois.

Acceptez le fait que vous ne comprendrez pas tout ce que vous lisez dans un roman. C'est, sans aucun doute, le point le plus crucial ! N'oubliez jamais que le fait de ne pas comprendre tous les mots ou toutes les phrases est tout à fait acceptable. Cela ne signifie pas que vos compétences linguistiques sont insuffisantes ou que vos résultats sont médiocres. Cela indique que vous participez activement au processus d'apprentissage.

Guide de lecture

Afin de tirer le meilleur parti de la lecture d'Histoires Courtes en Danois, il est préférable que vous suiviez ce processus de lecture simple en six étapes pour chaque chapitre des histoires :

1. Lisez le titre du chapitre. Réfléchissez à ce que pourrait être le sujet de l'histoire. Puis lisez l'histoire jusqu'au bout. Votre objectif est simplement d'atteindre la fin de l'histoire. Par conséquent, ne vous arrêtez pas pour chercher des mots et ne vous inquiétez pas s'il y a des choses que vous ne comprenez pas. Essayez simplement de suivre l'intrigue.

2. Lorsque vous arrivez à la fin de l'histoire, parcourez la traduction française pour voir si vous avez compris ce qui s'est passé et reprenez tout contexte qui vous aurait échappé.

3. Revenez en arrière et relisez la même histoire. Si vous le souhaitez, vous pouvez vous concentrer davantage sur les détails de l'histoire qu'auparavant, mais sinon, lisez-la simplement une fois de plus.

4. Ensuite, répondez aux questions de compréhension en Danois pour vérifier votre compréhension des événements clés de l'histoire. Si vous ne comprenez pas entièrement les questions, ne vous inquiétez pas. Utilisez vos connaissances pour répondre du mieux que vous pouvez.

5. A ce stade, vous devriez avoir une certaine compréhension des principaux événements du chapitre. Si ce n'est pas le cas, vous pouvez relire le chapitre

plusieurs fois en utilisant la traduction pour vérifier les mots et les phrases inconnus jusqu'à ce que vous vous sentiez en confiance.

Une fois que vous êtes prêt et sûr d'avoir compris ce qui s'est passé - que ce soit après une ou plusieurs lectures de l'histoire - passez à l'histoire suivante et continuez à apprécier l'histoire à votre propre rythme, comme vous le feriez pour n'importe quel autre livre.

Ce n'est qu'une fois que vous avez terminé une histoire dans son intégralité que vous pouvez envisager de revenir en arrière et d'étudier le langage de l'histoire plus en profondeur si vous le souhaitez. Au lieu de vous inquiéter de tout comprendre, prenez le temps de vous concentrer sur ce que vous avez compris et de vous féliciter pour tout ce que vous avez fait.

Histoires Courtes
en Danois

Oscar Jensen

Nat i København

Natten var ung, og det var vi også. Vi var lige ankommet til **København og** var klar til at udforske. Vi gik rundt i byen og tog imod seværdighederne og lydene fra dette nye sted. Luften var kold, men det gjorde os ikke noget. Vi var for begejstrede til at bekymre os om det. Vi **faldt** over en bar og besluttede os for at gå indenfor. Det var hyggeligt og varmt indenfor, og der brændte en ild i pejsen. Vi bestilte nogle **drinks og satte os** ved ilden for at slappe af. Mens vi **nippede til** vores drinks, kiggede vi på folk og talte om alle de ting, vi ville lave, mens vi var i byen. Der var så meget at se og gøre, at det var svært at vide, hvor vi skulle begynde! **Til sidst**, trætte af at have gået (og drukket), **besluttede** vi **os for** at gå hjem. Vi gik tilbage til vores hotelværelse og **fnisede** som skolepiger over alle de eventyr, der ventede os under vores ophold i København.

Den næste dag vågnede vi tidligt og besluttede at tage på gaden igen. Vi gik rundt i et stykke tid og stoppede i butikker og på caféer undervejs. Vi købte nogle **souvenirs** til vores venner derhjemme og **smagte på** nogle af de lokale retter. Om eftermiddagen tog vi på en bådtur rundt i byen. Det var så smukt! Solen skinnede, og vi fik set alle seværdighederne fra vandet. Bagefter gik vi rundt lidt mere og tog alting ind. Da det begyndte at blive mørkt, befandt vi os i Tivoli **Gardens**

Nuit à Copenhague

La nuit était jeune, et nous l'étions aussi. Nous venions d'arriver à **Copenhague** et nous étions prêts à explorer. Nous avons marché dans la ville, en profitant des vues et des sons de ce nouvel endroit. L'air était froid, mais cela ne nous dérangeait pas. Nous étions trop excités pour nous en soucier. Nous sommes **tombés** sur un bar et avons décidé d'y entrer. C'était confortable et chaud à l'intérieur, avec un feu brûlant dans la cheminée. Nous avons commandé des **boissons** et nous nous sommes assis près du feu pour nous détendre. En **sirotant** nos boissons, nous avons observé les gens et parlé de toutes les choses que nous voulions faire pendant notre séjour en ville. Il y avait tellement de choses à voir et à faire, c'était difficile de savoir par où commencer ! **Finalement,** fatigués d'avoir marché (et bu), nous avons **décidé d'**en rester là. Nous avons regagné notre chambre d'hôtel en **riant** comme des écolières de toutes les aventures qui nous attendaient pendant notre séjour à Copenhague.

Le lendemain, nous nous sommes réveillés de bonne heure et avons décidé de retourner dans la rue. Nous nous sommes promenés pendant un moment, nous arrêtant dans des boutiques et des cafés en chemin. Nous avons acheté quelques **souvenirs** pour nos amis restés au pays et avons **goûté à la** cuisine

- **en** forlystelsespark lige midt i hjertet af København!
Vi kørte i nogle forlystelser, spillede nogle spil og spiste
masser af junkfood, inden vi endelig **tog** tilbage til vores
hotelværelse igen. På vores sidste dag i **København**
ville vi sikre os, at vi så alt det, som vi ikke havde nået
at se endnu. Vi startede med at besøge statuen Den
Lille **Havfrue** - et af Københavns mest berømte vartegn.
Derefter gik turen til Rosenborg Slot, inden vi tog over
til Christiansborg Slot (hvor det danske parlament har
sæde).

 På dette tidspunkt var vores fødder ved at være i
stykker, men der var en ting mere på vores liste:
Nyhavn er et **malerisk** havneområde med farverige
bygninger, der bare tigger om at blive **fotograferet**! Og
det var så der, vi endte med at tilbringe vores sidste
par timer i Danmark; vi gik rundt i Nyhavn hånd i hånd,
som om intet andet betød noget i verden end at være
sammen i det øjeblik. " Og det var sådan vi tilbragte
vores tre nætter i København. Det var en **hvirvelvind** af
en tur, men vi elskede hvert eneste minut af den.

locale. Dans l'après-midi, nous avons fait un tour de la ville en bateau. C'était magnifique ! Le soleil brillait et nous avons pu voir toutes les curiosités depuis l'eau. Ensuite, nous nous sommes promenés un peu plus, en profitant de tout. À la tombée de la nuit, nous nous sommes retrouvés aux **Jardins de** Tivoli**, un** parc d'attractions en plein cœur de Copenhague ! Nous avons fait quelques tours de manège, joué à des jeux et mangé des tas de cochonneries avant de regagner notre chambre d'hôtel. Pour notre dernier jour à **Copenhague**, nous voulions être sûrs de voir tout ce que nous n'avions pas encore eu le temps de voir. Nous avons commencé par visiter la statue de la Petite **Sirène**, l'un des sites les plus célèbres de Copenhague. Ensuite, nous sommes allés voir le château de Rosenborg avant de nous rendre au palais de Christiansborg (siège du parlement danois).

À ce stade, nos pieds nous **faisaient souffrir**, mais il y avait encore une chose sur notre liste : Nyhavn est une zone portuaire **pittoresque** bordée de bâtiments colorés qui ne demande qu'à être **photographiée** ! Et c'est ainsi que nous avons fini par passer nos dernières heures au Danemark, à nous promener dans Nyhavn, main dans la main, comme si rien d'autre ne comptait au monde que d'être ensemble à ce moment-là. "Et c'est ainsi que nous avons passé nos trois nuits à Copenhague. Ce voyage a été un véritable **tourbillon**, mais nous en avons aimé chaque minute.

Forståelse spørgsmål

1. Hvad er hovedpersonens første tanker, da han ankommer til København?

2. Hvor tager hovedpersonen og deres ledsager hen efter at have forladt deres hotelværelse?
første aften?

3. Hvad laver hovedpersonen på den anden dag i København?

4. Hvorfor er Tivoli en passende aktivitet for hovedpersonen på deres tredje aften i København?

5. Hvordan føler hovedpersonen sig ved slutningen af rejsen?

6. Hvad er hovedpersonens favorit ved København?

7. Hvad synes hovedpersonen om maden i København?

8. Hvad er hovedpersonens mening om Rosenborg Slot?

9. Hvad synes hovedpersonen om Nyhavn?

Questions de compréhension

1. Quelles sont les premières pensées du protagoniste à son arrivée à Copenhague ?

2. Où le protagoniste et son compagnon vont-ils après avoir quitté leur chambre d'hôtel ?
première nuit ?

3. Que fait le protagoniste le deuxième jour à Copenhague ?

4. Pourquoi les jardins de Tivoli sont-ils une activité appropriée pour le protagoniste lors de sa troisième nuit à Copenhague ?

5. Que ressent le protagoniste à la fin de son voyage ?

6. Quelle est la chose que le protagoniste préfère à Copenhague ?

7. Que pense le protagoniste de la nourriture à Copenhague ?

8. Quelle est l'opinion du protagoniste sur le château de Rosenborg ?

9. Que pense le protagoniste de Nyhavn ?

Den gamle vindmølle

Den gamle **vindmølle** havde været forladt i årevis. Men da den nye **familie** flyttede ind, besluttede de sig for at sætte den i stand. **Far** og søn arbejdede sammen for at få vingerne til at dreje igen. Og snart lavede møllen igen mel. Møllen blev et populært sted for turister. De kom for at se **vingerne** dreje i vinden og købe frisk mel af familien. Faderen og sønnen nød at have folk omkring sig og høre deres historier. En dag kom der en **kvinde på** besøg, som fortalte, at hun havde boet i huset ved møllen, da hun var barn. Hun fortalte dem om, hvordan hendes **bedstefar** plejede at drive møllen i dens storhedstid. Mens hun talte, kunne faderen og sønnen se, at hun stadig havde en dyb tilknytning til dette sted på **trods af** alle de år, der var gået. Kvindens bedstefar var gået bort for nogle år siden, men hun kom stadigvæk på besøg på den gamle mølle.

Hun sad ved vinduet i sin bedstefars værelse og så på, hvordan **bladene** drejede sig. Det bragte så mange **minder frem i** hendes bevidsthed. En dag besluttede hun sig for at tage ned til møllen og tale med den far og søn, der nu drev den. De var glade for at høre hendes historier om stedets historie. Og de fortalte hende, at hun altid var velkommen til at komme på besøg,

Le vieux moulin à vent

Le vieux **moulin à vent était** abandonné depuis des années. Mais lorsque la nouvelle **famille a** emménagé, elle a décidé de le remettre en état. Le **père** et le fils ont travaillé ensemble pour faire tourner les pales à nouveau. Et bientôt, le moulin produisait à nouveau de la farine. Le moulin est devenu un endroit populaire pour les touristes. Ils venaient pour regarder les **pales** tourner dans le vent et acheter de la farine fraîche à la famille. Le père et le fils aimaient avoir des gens autour d'eux et écouter leurs histoires. Un jour, une **femme** est venue leur rendre visite et leur a dit qu'elle avait vécu dans la maison près du moulin lorsqu'elle était enfant. Elle leur a raconté comment son **grand-père** faisait fonctionner le moulin à l'époque de sa gloire. Pendant qu'elle parlait, le père et le fils pouvaient voir qu'elle avait toujours un lien profond avec cet endroit **malgré** toutes ces années de séparation. Le grand-père de la femme était décédé il y a quelques années, mais elle venait toujours visiter le vieux moulin.

Elle s'asseyait près de la fenêtre de la chambre de son grand-père et regardait les **pales** tourner. Cela lui rappelait tant de **souvenirs**. Un jour, elle a décidé de se rendre au moulin et de parler au père et au

når hun havde lyst. Kvinden blev en regelmæssig besøgende på møllen. Hun tog sine **børnebørn** og oldebørn med for at se den. Og hun stoppede altid op og talte med faderen og sønnen, som drev den. De var **blevet** gode venner i årenes løb. En dag begyndte kvindens helbred at blive dårligere, og hun vidste, at hun ikke ville være i stand til at komme tilbage til møllen igen.

Så hun spurgte **faderen** og sønnen, om de kunne holde øje med den for hende. De **lovede, at** de ville passe på den, ligesom hun havde gjort for alle de år siden. Den gamle vindmølle står stadig i dag. Bladene drejer ikke længere, men det er ikke desto mindre et smukt syn. Og når vinden blæser, kan man stadig høre den svage lyd af møllen, der kværner mel. Kvinden **døde for** et par år siden, men hendes familie kommer stadig på besøg i møllen. De sidder i hendes bedstefars værelse og kigger ud på **vingerne, der** drejer i vinden. Og de husker alle de glade stunder, de havde her sammen med deres bedstemor. Den gamle vindmølle er et symbol på kvindens liv. Den er en påmindelse om hendes dybe tilknytning til dette sted og de **mennesker,** hun elskede. Og den vil altid være en del af hendes families historie.

fils qui l'exploitaient. Ils étaient heureux d'entendre ses histoires sur l'histoire du lieu. Ils lui ont dit qu'elle était toujours la bienvenue et qu'elle pouvait venir les voir quand elle le voulait. La femme est devenue une visiteuse régulière du moulin. Elle y emmenait ses **petits-enfants** et ses arrière-petits-enfants. Et elle s'arrêtait toujours pour parler au père et au fils qui le dirigeaient. Ils étaient **devenus de** bons amis au fil des ans. Un jour, la santé de la femme a commencé à décliner, et elle savait qu'elle ne pourrait plus revenir au moulin.

Elle a donc demandé au **père** et au fils s'ils pouvaient garder un œil sur elle. Ils ont **promis de s'en occuper** comme elle l'avait fait toutes ces années auparavant. Le vieux moulin à vent est toujours debout aujourd'hui. Les pales ne tournent plus, mais c'est quand même une belle vue. Et lorsque le vent souffle, on peut encore entendre le faible son du moulin qui moud la farine. La femme est **décédée** il y a quelques années, mais sa famille vient toujours visiter le moulin. Ils s'assoient dans la chambre de son grand-père et regardent les **pales** tourner dans le vent. Et ils se souviennent de tous les moments heureux qu'ils ont passés ici avec leur grand-mère. Le vieux moulin à vent est un symbole de la vie de cette femme. C'est un rappel de son lien profond avec cet endroit et les **gens** qu'elle aimait. Et il fera toujours partie de l'histoire de sa famille.

Forståelse spørgsmål

1. Hvad gjorde den nye familie, da de flyttede ind i huset ved den gamle vindmølle?

2. Hvordan blev møllen populær igen?

3. Hvem kom på besøg i møllen en dag?

4. Hvad sagde kvinden, der kom på besøg, til faderen og sønnen?

5. Hvorfor begyndte kvinden at komme på besøg på møllen igen?

6. Hvordan ændrede forholdet mellem kvinden og faderen og sønnen sig over tid?

7. Hvad bad kvinden faderen og sønnen om at gøre, før hun døde?

8. Hvad er den gamle vindmølle et symbol på for kvindens familie?

9. Hvad gør familien, når de besøger den gamle vindmølle?

Questions de compréhension

1. Qu'a fait la nouvelle famille lorsqu'elle a emménagé dans la maison près du vieux moulin à vent ?

2. Comment le moulin est-il redevenu populaire ?

3. Qui est venu visiter le moulin un jour ?

4. Qu'a dit la femme qui est venue rendre visite au père et au fils ?

5. Pourquoi la femme a-t-elle recommencé à venir au moulin ?

6. Comment la relation entre la femme et le père et le fils a-t-elle évolué au fil du temps ?

7. Qu'est-ce que la femme a demandé au père et au fils de faire avant de mourir ?

8. De quoi le vieux moulin à vent est-il le symbole pour la famille de la femme ?

9. Que fait la famille lorsqu'elle visite le vieux moulin à vent ?

Tivoli-haverne

Tivoli-haven var engang et **smukt** sted. Blomsterne blomstrede, træerne var grønne, og solen skinnede ned på de glade mennesker nedenunder. Men det var før krigen. Nu er haven kun en skygge af sit tidligere selv. Blomsterne er visnet, træerne er døde, og der er ingen tegn på **liv nogen** steder. Men selv i denne mørke tid er der stadig håb. En lille gruppe modstandskæmpere har brugt haverne som base **for at** slå tilbage mod besættelsesmagten. De planlægger og gennemfører dristige angreb mod fjendens mål og **forsvinder** altid i skyggerne **bagefter**. En aften får de besked om, at en højtstående embedsmand vil besøge haven for at inspicere den.

Dette er deres chance for at tage ham som gidsel og få en reel indflydelse på krigsindsatsen! De udarbejder omhyggeligt deres planer og venter på, at han ankommer. Embedsmanden ankommer lige til tiden, flankeret af et **dusin** tungt bevæbnede livvagter. Modstandskæmperne går i aktion og angriber med alt, hvad de har. Men **livvagterne** er for stærke, og embedsmanden undslipper. Kæmperne omgrupperer sig i haven, slikker deres sår og planlægger deres næste træk. De ved, at dette blot var et tilbageslag - de får snart en ny chance for at slå til. I **mellemtiden** vil

Jardins de Tivoli

Les Jardins de Tivoli étaient autrefois un endroit **magnifique**. Les fleurs étaient en fleurs, les arbres étaient verts, et le soleil brillait sur les gens heureux en bas. Mais c'était avant la guerre. Maintenant, les jardins ne sont plus que l'ombre d'eux-mêmes. Les fleurs sont fanées, les arbres sont morts, et il n'y a aucun signe de **vie** nulle part. Mais même dans cette période sombre, il y a encore de l'espoir. Un petit groupe de résistants utilise les jardins comme base d'**opérations** pour riposter aux forces d'occupation. Ils planifient et exécutent des raids audacieux contre des cibles ennemies, **disparaissant** toujours dans l'ombre **par la suite**. Une nuit, ils apprennent qu'un haut fonctionnaire va visiter les jardins pour une inspection.

C'est leur chance de le prendre en otage et d'avoir un impact réel sur l'effort de guerre ! Ils élaborent soigneusement leur plan et attendent son arrivée. Le fonctionnaire arrive à l'heure prévue, flanqué d'une **douzaine de** gardes du corps lourdement armés. Les résistants passent à l'action, attaquant avec tout ce qu'ils ont. Mais les **gardes du corps** sont trop forts et le fonctionnaire s'échappe. Les combattants se regroupent dans les jardins, pansant leurs blessures et préparant leur prochaine action. Ils savent qu'il ne

de fortsætte med at kæmpe fra **skyggerne** og vente på deres øjeblik til at skinne igen.

Modstandskæmperne er ved at blive desperate. De har **slået til** mod fjenden i månedsvis nu, men de synes altid at være et skridt bagud. De har brug for en stor sejr, noget, der virkelig vil øge moralen og give dem overtaget i denne krig. Så får de besked om, at embedsmanden er på **vej** tilbage til haverne. Denne gang har de ikke tænkt sig at lade ham slippe væk! De lægger et bagholdsangreb og venter på, at han ankommer. Embedsmanden ankommer, men denne gang er han forberedt. Han har et dusin livvagter med sig, samt en kampvogn! Modstandskæmperne kæmper en brav kamp, men de **kan** ikke klare fjendens overlegne ildkraft. De er **tvunget til at** trække sig tilbage i haven, og deres håb om at pågribe embedsmanden svinder endnu en gang. Men selv i nederlaget nægter de at opgive håbet.

s'agit que d'un revers et qu'ils auront bientôt une autre occasion de frapper. En **attendant,** ils continuent à se battre dans l'**ombre**, en attendant de pouvoir briller à nouveau.

Les combattants de la résistance sont désespérés. Cela fait des mois qu'ils **frappent l'**ennemi, mais ils semblent toujours avoir un temps de retard. Ils ont besoin d'une grande victoire, quelque chose qui remontera vraiment le moral et leur donnera le dessus dans cette guerre. Puis, ils reçoivent la nouvelle que l'officiel revient dans les jardins. Cette fois, ils ne vont pas le laisser s'échapper ! Ils montent une embuscade et attendent qu'il arrive. Le fonctionnaire arrive, mais cette fois il est préparé. Il a une douzaine de gardes du corps avec lui, ainsi qu'un char ! Les **résistants se** battent courageusement, mais ils ne sont pas à la **hauteur de la** puissance de feu supérieure des forces ennemies. Ils sont **contraints** de se replier dans les jardins, leur espoir d'appréhender le fonctionnaire s'évanouissant une fois de plus. Mais même dans la défaite, ils refusent d'abandonner tout espoir.

Forståelse spørgsmål

1. Hvordan var Tivolihaven før krigen?

2. Hvad laver modstandskæmperne i haverne?

3. Hvad sker der, når den højtstående embedsmand besøger haverne for at inspicere dem?

4. Hvorfor har modstandskæmperne brug for en stor sejr?

5. Hvad gør tjenestemanden, da han bliver overfaldet anden gang?

6. Hvordan føler modstandskæmperne sig efter deres mislykkede bagholdsangreb?

7. Hvad er modstandskæmpernes heldige udfald?

8. Hvad gør modstandskæmperne, da de endelig fanger embedsmanden?

9. Hvilken betydning har embedsmanden for modstandskæmperne?

Questions de compréhension

1. Comment étaient les Jardins de Tivoli avant la guerre ?

2. Que font les résistants dans les jardins ?

3. Que se passe-t-il lorsque le haut fonctionnaire visite les jardins pour une inspection ?

4. Pourquoi les résistants ont-ils besoin d'une grande victoire ?

5. Que fait le fonctionnaire lorsqu'il est pris en embuscade la deuxième fois ?

6. Que ressentent les résistants après l'échec de l'embuscade ?

7. Quel est le coup de chance des résistants ?

8. Que font les résistants lorsqu'ils parviennent à capturer le fonctionnaire ?

9. Quelle est la signification de l'officiel pour les résistants ?

Rejse til Rundetårn

Jeg vågnede tidligt i morges og var ivrig efter at starte min rejse. Jeg havde planlagt den i ugevis, og alt var endelig på plads. Jeg pakkede min taske med noget tøj og et par snacks og begav mig så af sted mod Rundetårn, det tårn, der **står** i centrum af **København**. Min plan var at **klatre** op på toppen og nyde udsigten over byen nedenunder. Da jeg gik gennem gaderne, kunne jeg ikke undgå at lægge mærke til alle de mennesker, der skyndte sig rundt i deres hverdag. Det fik mig til at føle mig en smule misundelig; de syntes alle at vide, hvor de skulle hen, og hvad de lavede, mens jeg følte mig som en fortabt **turist** i min egen by. Men snart nok **ankom** jeg til Rundetrn og begyndte at gå op ad de snoede trapper. Det tog mig et stykke tid at nå toppen, men da jeg nåede den, var udsigten det mere end værd; København strakte sig foran mig i al sin pragt, funklende i morgensolen."

Da jeg stod på toppen af Rundetrn, følte jeg, at jeg kunne se **alt**. Byen travlhed under mig, og havnen glitrede i det fjerne. Jeg kunne endda se et par både, der var på vej ud på havet. Det var et smukt syn, som jeg aldrig vil glemme. Men mens jeg stod der og tog det hele i mig, skete der noget mærkeligt; jeg begyndte at føle mig svimmel og svimmel. Det næste, jeg vidste,

Voyage à Rundetårn

Je me suis réveillé tôt ce matin, impatient de commencer mon voyage. Je l'avais planifié depuis des semaines et tout était enfin en place. J'ai préparé mon sac avec quelques vêtements et quelques collations, puis je suis parti en direction de Rundetrn, la tour qui **se dresse** au centre de **Copenhague**. Mon plan était de **grimper au** sommet et de profiter de la vue sur la ville en contrebas. En marchant dans les rues, je n'ai pas pu m'empêcher de remarquer toutes les personnes qui se dépêchaient dans leur vie quotidienne. J'étais un peu envieux ; ils semblaient tous savoir où ils allaient et ce qu'ils faisaient, alors que j'avais l'impression d'être un **touriste** perdu dans ma propre ville. Mais assez rapidement, je suis **arrivé** à Rundetrn et j'ai commencé à monter ses escaliers en colimaçon. Il m'a fallu un certain temps pour atteindre le sommet, mais quand j'y suis arrivé, la vue en valait la peine : Copenhague s'étendait devant moi dans toute sa gloire, étincelante sous le soleil du matin."

Au sommet du Rundetrn, j'avais l'impression de **tout** voir. La ville s'animait en dessous de moi, et le port scintillait au loin. J'ai même aperçu quelques bateaux qui se dirigeaient vers la mer. C'était un spectacle magnifique que je n'oublierai jamais. Mais alors

var, at jeg faldt. På en eller anden måde lykkedes det mig at overleve mit fald fra Rundetrn. Da jeg ramte jorden, forventede jeg at være død eller i det mindste alvorligt såret, men i stedet havde jeg kun nogle få blå mærker og skrammer. "Det er et mirakel!" sagde folk, mens de flokkedes om mig. "Du må være blevet reddet af en engel!" Jeg blev **rystet** af mit fald, men var ellers **uskadt**. Da jeg kom på benene, kunne jeg ikke lade være med at føle, at noget havde ændret sig. Det var som om jeg havde fået en ny **chance** i livet, og jeg vidste, at jeg måtte få det bedste ud af den.

 Fra da af besluttede jeg mig for at leve hver dag fuldt ud og sætte pris på alle de små ting i livet. Og hver gang jeg kigger ud over **København** fra Rundetårn, bliver jeg mindet om, hvor **heldig** jeg er. " Der er gået et par år siden mit fald fra Rundetrn, og livet har **behandlet** mig godt. Jeg **bor** stadig i København, og jeg har endda **stiftet** min egen familie. Min kone og jeg tager ofte vores børn med til Rundetrn for at vise dem udsigten over byen. Og hver gang vi gør det, kan jeg ikke lade være med at tænke tilbage på den skæbnesvangre dag, hvor jeg faldt ... men også på hvor taknemmelig jeg er for at være i live. "

que je me tenais là, quelque chose d'étrange s'est produit : j'ai commencé à avoir des vertiges et des étourdissements. La prochaine chose que je savais, c'était que je tombais. D'une manière ou d'une autre, j'ai réussi à survivre à ma chute de Rundetrn. Lorsque j'ai touché le sol, je m'attendais à être mort ou au moins gravement blessé, mais au lieu de cela, je n'avais que quelques bleus et égratignures. "C'est un miracle !" disaient les gens en se pressant autour de moi. "Tu as dû être sauvé par un ange !" J'étais **secouée** par ma chute mais **indemne**. En me relevant, je ne pouvais m'empêcher de penser que quelque chose avait changé. C'était comme si on m'avait donné une seconde **chance** dans la vie, et je savais que je devais en tirer le meilleur parti.

 À partir de ce moment-là, j'ai décidé de vivre pleinement chaque jour et d'apprécier toutes les petites choses de la vie. Et chaque fois que je regarde **Copenhague** depuis Rundetrn, je me souviens de la **chance que** j'ai. "Quelques années se sont écoulées depuis ma chute du Rundetrn, et la vie m'a bien **traitée**. Je **vis** toujours à Copenhague et j'ai même **fondé** ma propre famille. Ma femme et moi emmenons souvent nos enfants à Rundetrn pour leur montrer la vue sur la ville. Et chaque fois que nous le faisons, je ne peux m'empêcher de repenser à ce jour fatidique où je suis tombé... mais aussi à la reconnaissance que j'ai d'être en vie. "

Forståelse spørgsmål

1. Hvad gør hovedpersonen, da han ankommer til Rundetrn?

2. Hvordan har hovedpersonen det med de mennesker, han ser i København?

3. Hvad ser hovedpersonen fra toppen af Rundetrn?

4. Hvad sker der med hovedpersonen, mens han er på toppen af Rundetrn?

5. Hvordan har hovedpersonen det, efter at han er faldet ned fra Rundetrn?

6. Hvad siger folk til hovedpersonen, efter at han er faldet?

7. Hvordan ændrer hovedpersonens fald hans syn på livet?

8. Hvad gør hovedpersonen anderledes efter sit fald?

9. Hvordan har hovedpersonen det, når han tager sin familie med til Rundetrn?

Questions de compréhension

1. Que fait le protagoniste lorsqu'il arrive à Rundetrn ?

2. Que pense le protagoniste des personnes qu'il voit à Copenhague ?

3. Que voit le protagoniste du haut du Rundetrn ?

4. Qu'arrive-t-il au protagoniste lorsqu'il est au sommet du Rundetrn ?

5. Que ressent le protagoniste après sa chute de Rundetrn ?

6. Que disent les gens au protagoniste après sa chute ?

7. Comment la chute du protagoniste change-t-elle sa perspective sur la vie ?

8. Que fait le protagoniste différemment après sa chute ?

9. Que ressent le protagoniste lorsqu'il emmène sa famille à Rundetrn ?

Skøjteløb på frosne kanaler

Gravene i Amsterdam er et smukt syn om vinteren. De er endnu **smukkere,** når du skøjter på dem. Jeg var heldig nok til at opleve dette på første hånd for nylig. Jeg havde altid gerne villet skøjte på kanalerne, men havde aldrig haft chancen. Så da jeg så, at de var frosset til, vidste jeg, at jeg måtte udnytte det. Jeg **lejede** nogle skøjter og begav mig ud på isen. Det var en **fantastisk** følelse at glide over kanalens glatte overflade. Den kolde luft var forfriskende og opkvikkende. Og landskabet var simpelthen betagende. Indimellem stoppede jeg op for at beundre udsigten eller tage et billede. Til sidst nåede jeg tilbage til bredden og afleverede mine skøjter tilbage. Det var en **uforglemmelig** oplevelse, som jeg helt sikkert snart vil gentage igen!

Jeg vågnede tidligt næste morgen og var ivrig efter at komme ud på kanalen igen. Jeg havde drømt om at stå på skøjter hele natten lang. Jeg tog hurtigt **tøj på** og tog ned til udlejningsbutikken. Men da jeg ankom, var der et skilt på døren, hvor der stod "lukket". **Skuffet** vendte jeg mig om for at gå, men så hørte jeg **nogen** kalde mit navn. Det var ejeren af butikken. Han fortalte mig, at

Patinage sur les canaux gelés

Les canaux d'Amsterdam sont un spectacle magnifique en hiver. Ils sont encore plus **beaux** quand on y patine. J'ai eu la chance d'en faire l'expérience récemment. J'ai toujours voulu faire du patin à glace sur les canaux, mais je n'en ai jamais eu l'occasion. Alors quand j'ai vu qu'ils étaient gelés, j'ai su que je devais en profiter. J'ai **loué** des patins et je suis allée sur la glace. C'était une sensation **incroyable** de glisser sur la surface lisse du canal. L'air froid était rafraîchissant et revigorant. Et le paysage était tout simplement à couper le souffle. De temps en temps, je m'arrêtais pour admirer la vue ou prendre une photo. Finalement, j'ai regagné la rive et rendu mes patins. C'était une expérience **inoubliable que je ne** manquerai pas de renouveler bientôt !

Je me suis réveillé tôt le lendemain matin, impatient de retourner sur le canal. J'avais rêvé de patiner toute la nuit. Je me suis rapidement **habillé** et je me suis dirigé vers le magasin de location. Mais quand je suis arrivé, il y avait un panneau sur la porte qui disait "fermé". **Déçu**, je me suis retourné pour partir, mais j'ai entendu **quelqu'un** appeler mon nom. C'était le propriétaire du magasin. Il m'a dit qu'il ouvrirait plus tôt juste pour

han ville åbne tidligt kun for mig. Han vidste, hvor meget jeg ønskede at skate igen, og han ville ikke have, at jeg skulle gå glip af min chance. Så vi tog vores **skøjter** på og gik på isen endnu en gang! Mens jeg skøjter langs kanalen, kan jeg ikke lade være med at føle mig **taknemmelig** for denne mulighed. Det er ikke ofte, at man får mulighed for at skøjte på en frossen kanal. Og det er endnu sjældnere, at man får mulighed for at gøre det to gange på en uge! Jeg er **fast besluttet på** at få det bedste ud af det, mens jeg kan.

Hver dag bruger jeg et par timer på at stå på skøjter. Og hver gang udforsker jeg en anden del af kanalen. Der er så mange smukke seværdigheder at se, og der er så meget historie at lære om. At skøjte på Amsterdams **kanaler er** hurtigt blevet en af mine yndlingsaktiviteter! En morgen vågnede jeg op og opdagede, at kanalerne var tøet op i løbet af natten. Al isen var væk, og **vandet** flød igen. Jeg vidste, at min tid med at skøjte på skøjter på kanalerne var forbi. Men jeg var allerede i gang med at planlægge min næste tur! Der er trods alt ikke noget bedre end at skøjte på skøjter på en frossen kanal i Amsterdam! Nu er jeg **hjemme** igen, men jeg kan ikke holde op med at tænke på min tid i Amsterdam. at skøjte på de frosne kanaler var en utrolig oplevelse, som jeg aldrig vil **glemme**. Jeg tæller allerede dagene ned til næste vinter!

moi. Il savait à quel point je voulais patiner à nouveau et ne voulait pas que je rate ma chance. Nous avons donc enfilé nos **patins** et nous sommes allés sur la glace une fois de plus ! En patinant le long du canal, je ne peux m'empêcher d'être **reconnaissante de** cette opportunité. Ce n'est pas souvent que l'on peut patiner sur un canal gelé. Et c'est encore moins souvent que l'on peut le faire deux fois en une semaine ! Je suis **déterminé à en profiter** tant que je le peux.

Chaque jour, je passe quelques heures à patiner. Et chaque fois, j'explore une partie différente du canal. Il y a tellement de beaux sites à voir et tellement d'histoire à découvrir. Patiner sur les **canaux d'**Amsterdam est rapidement devenu l'une de mes activités préférées ! Un matin, je me suis réveillée et j'ai découvert que les canaux avaient dégelé pendant la nuit. Toute la glace avait disparu et l'**eau** coulait à nouveau. Je savais que mon temps de patinage sur les canaux était terminé. Mais je planifiais déjà mon prochain voyage ! Après tout, il n'y a rien de tel que de patiner sur un canal gelé à Amsterdam ! Je suis de retour **chez moi** maintenant, mais je ne peux m'empêcher de penser à mon séjour à Amsterdam. Patiner sur les canaux gelés a été une expérience incroyable que je n'**oublierai** jamais. Je compte déjà les jours jusqu'à l'hiver prochain !

Forståelse spørgsmål

1. Hvad er forfatterens yndlingsbeskæftigelse i Amsterdam?

2. Hvad gør forfatteren, da han først ankommer til udlejningsforretningen?

3. Hvordan har forfatteren det med at skøjte på kanalerne?

4. Hvorfor er det noget særligt at skøjte på kanalerne om natten?

5. Hvad laver forfatteren på sin sidste dag i Amsterdam?

6. Hvordan har forfatteren det, da han vågner næste morgen?

7. Hvad står der på skiltet på døren til udlejningsbutikken?

8. Hvem kalder forfatterens navn, da han forlader butikken?

9. Hvor ofte skøjter forfatteren på kanalen?

Questions de compréhension

1. Quelle est l'activité préférée de l'auteur à Amsterdam ?

2. Que fait l'auteur lorsqu'il arrive au magasin de location ?

3. Que pense l'auteur du patinage sur les canaux ?

4. Pourquoi est-ce spécial de patiner sur les canaux la nuit ?

5. Que fait l'auteur lors de son dernier jour à Amsterdam ?

6. Que ressent l'auteur lorsqu'il se réveille le lendemain matin ?

7. Que dit l'affiche sur la porte du magasin de location ?

8. Qui appelle le nom de l'auteur lorsqu'il quitte le magasin ?

9. Combien de fois l'auteur fait-il du patin à glace sur le canal ?

Jul i Aalborg

Det var juleaften i Aalborg, og byen var fyldt med spænding. **Gaderne** var fyldt med mennesker, der alle var ivrige efter at få et glimt af julemanden, som var på vej gennem byen. Børn grinede og legede omkring juletræet på torvet, mens deres forældre så på fra nærliggende caféer og restauranter. Pludselig opstod der **tumult for** enden af gaden. Folk begyndte at pege og råbe begejstret. Julemanden er ankommet! Han vinkede til **alle,** mens han bevægede sig ned ad gaden og af og til **stoppede op** for at snakke med børnene eller for at dele gaver ud. Da han nåede frem til torvet, standsede han foran juletræet og lagde en stor sæk under det.

 Så vendte han sig **uden at** sige et ord om og begyndte at gå tilbage op ad gaden i retning af det sted, hvor han var kommet fra. Publikum brød ud i jubel og klapsalver, da de så ham forsvinde i det fjerne. Det havde været en **uforglemmelig** juleaften i Aalborg! Næste **morgen var der** travlhed på torvet, hvor folk skyndte sig at se, hvad julemanden havde efterladt i sin sæk. Der var gaver til alle Aalborgs børn i sækken! Der var legetøj, tøj, slik og meget mere. **Forældrene** blev heller ikke glemt, for der var også gaver til dem. Det var en jul, som alle ville huske i mange år fremover! Som årene gik,

Noël à Aalborg

C'est la veille de Noël à Aalborg, et la ville est en effervescence. Les **rues** étaient bordées de gens, tous impatients d'apercevoir le Père Noël alors qu'il traversait la ville. Les enfants riaient et jouaient autour de l'arbre de **Noël** sur la place, tandis que leurs parents observaient la scène depuis les cafés et restaurants voisins. Tout à coup, il y a eu une **agitation** au bout de la rue. Les gens se mettent à montrer du doigt et à crier avec excitation. Le Père Noël est arrivé ! Il salue **tout le monde** en descendant la rue, **s'arrêtant de** temps en temps pour discuter avec les enfants ou distribuer des cadeaux. En arrivant sur la place, il s'est arrêté devant le sapin de Noël et a placé un grand sac en dessous.

Puis, **sans** dire un mot, il se retourne et commence à remonter la rue en direction de son point de départ. La foule l'acclame et l'applaudit en le regardant disparaître au loin. Ce fut un réveillon de Noël **inoubliable** à Aalborg ! Le lendemain **matin**, la place était en pleine effervescence, les gens se précipitant pour voir ce que le Père Noël avait laissé dans son sac. A l'intérieur se trouvaient des cadeaux pour tous les enfants d'Aalborg ! Il y avait des jouets, des vêtements, des bonbons et bien plus encore. Les **parents** n'ont pas été oubliés non plus, puisqu'il y avait des cadeaux pour eux aussi.

fortsatte julemanden med at besøge Aalborg juleaften. Traditionen med at efterlade gaver på **torvet, som** alle kan glæde sig over, er blevet kendt i hele Danmark. Folk kom fra nær og fjern for at se julemanden i Aalborg juleaftensdag. Og det var takket være en enkelt mands **gavmildhed** og kærlighed til at give, at denne smukke tradition startede!

Hver juleaften er torvet i Aalborg fyldt med mennesker fra hele verden hver eneste **juleaften.** De kommer for at se julemanden og for at opleve den glæde og lykke, som han bringer til alle, han møder. Det er virkelig et magisk sted, og det hele startede med en mands **venlige** handling for så mange år siden. Et år **besluttede** julemanden **sig for** at gå på pension. Han vidste, at det var på tide, at en anden overtog hans rolle og bragte lykke til Aalborgs befolkning juleaften. Så han håndplukkede en **efterfølger** og uddannede ham i alt, hvad han skulle vide om at være julemand. Juleaftensdag det år gik den nye julemand gennem byen og stoppede op for at snakke med børn og dele gaver ud, ligesom hans **forgænger** havde gjort. Da han nåede frem til torvet, lagde han en stor sæk under træet, inden han vendte om og gik tilbage op ad gaden. Publikum brød endnu en gang ud i jubel og **klapsalver og bød** deres nye julemand **velkommen!**

C'était un Noël dont tout le monde se souviendrait pendant des années ! Au fil des années, le Père Noël a continué à visiter Aalborg la veille de Noël. La tradition de laisser des cadeaux sur la **place** pour que tout le monde puisse en profiter est devenue bien connue dans tout le Danemark. Les gens venaient de loin pour voir le Père Noël à Aalborg la veille de **Noël**. Et c'est grâce à la **générosité d'un** homme et à son amour du don que cette belle tradition a vu le jour !

Chaque veille de **Noël**, la place d'Aalborg est remplie de personnes venues du monde entier. Ils viennent voir le Père Noël et découvrir la joie et le bonheur qu'il apporte à tous ceux qu'il rencontre. C'est vraiment un endroit magique, et tout a commencé par l'acte de **bonté d'un** homme, il y a de nombreuses années. Une année, le Père Noël a **décidé de** prendre sa retraite. Il savait qu'il était temps que quelqu'un d'autre reprenne son rôle et apporte le bonheur aux habitants d'Aalborg la veille de Noël. Il a donc choisi un **successeur** et l'a formé à tout ce qu'il devait savoir sur le rôle du Père Noël. La veille de Noël de cette année-là, le nouveau Père Noël a traversé la ville, s'arrêtant pour discuter avec les enfants et distribuer des cadeaux, comme l'avait fait son **prédécesseur**. Arrivé sur la place, il dépose un grand sac sous l'arbre avant de faire demi-tour et de remonter la rue. La foule **applaudit** à tout rompre et **souhaite une** fois de plus **la bienvenue à** son nouveau Père Noël !

Forståelse spørgsmål

1. Hvad er traditionen i Aalborg juleaften?

2. Hvordan startede denne tradition?

3. Hvem er den nye julemand hvert år?

4. Hvad gør julemanden, når han når frem til pladsen?

5. Hvad er der i den store sæk, som julemanden lægger under træet?

6. Hvad kommer folk fra hele verden til Aalborg for at se juleaften?

7. Hvorfor besluttede julemanden sig for at gå på pension?

8. Hvem har håndplukket julemandens efterfølger?

9. Hvad laver den nye julemand juleaften?

Questions de compréhension

1. Quelle est la tradition à Aalborg la veille de Noël ?

2. Comment cette tradition a-t-elle commencé ?

3. Qui est le nouveau Père Noël chaque année ?

4. Que fait le Père Noël quand il arrive sur la place ?

5. Que contient le grand sac que le Père Noël place sous le sapin ?

6. Qu'est-ce que les gens du monde entier viennent voir à Aalborg la veille de Noël ?

7. Pourquoi le Père Noël a-t-il décidé de prendre sa retraite ?

8. Qui a choisi le successeur du Père Noël ?

9. Que fait le nouveau Père Noël la veille de Noël ?

Udforskning af Jelling Mounds

Jellinghøjene er et **fascinerende** historisk sted i Danmark. De stammer helt tilbage fra vikingetiden og blev brugt som gravhøje for vigtige personer fra den tid. Jeg har altid været interesseret i historie, så da jeg hørte om muligheden for at udforske disse **gravhøje, greb** jeg chancen med kyshånd. Jeg blev ikke **skuffet**. Det første, der slog mig, var størrelsen på dem - de er enorme! Og der er to af dem, side om side. Det er let at forestille sig, hvor **imponerende** de ville have set ud for nogen, der levede i vikingetiden. Da vi udforskede videre, fandt vi mange interessante **artefakter** inde i højene. Det omfattede smykker, våben og endda nogle menneskelige rester. Det var utroligt at tænke på, hvem disse **mennesker** var, og hvordan deres liv ville have været for alle disse år siden. Vi lærte også om endnu en **interessant** kendsgerning om Jellinghøjene - de siges at være hjemsøgte!

Tilsyneladende er der i årenes løb blevet set **spøgelsesfigurer** omkring dem. Uanset om det er sandt eller ej, giver det i hvert fald disse i forvejen fascinerende historiske monumenter et ekstra element af intriger. Da vi **gik** rundt om Jelling Mounds, kunne

Exploration des tumulus de Jelling

Les tumulus de Jelling sont un site historique **fascinant** au Danemark. Ils remontent à l'ère des Vikings et servaient de tumulus aux personnages importants de l'époque. J'ai toujours été intéressée par l'histoire, alors quand j'ai entendu parler de la possibilité d'explorer ces **tumulus**, j'ai sauté sur l'occasion. Je n'ai pas été **déçue**. La première chose qui m'a frappée, c'est leur taille : ils sont énormes ! Et il y en a deux, côte à côte. Il est facile d'imaginer à quel point ils devaient être **impressionnants** pour quelqu'un vivant à l'époque des Vikings. En poursuivant notre exploration, nous avons trouvé de nombreux **artefacts** intéressants à l'intérieur des monticules. Il s'agissait de bijoux, d'armes et même de restes humains. C'était incroyable de penser à qui étaient ces **gens** et à quoi ressemblait leur vie il y a tant d'années. Nous avons également appris un autre fait **intéressant** concernant les tumulus de Jelling : on dit qu'ils sont hantés !

Apparemment, des **fantômes** ont été aperçus autour d'eux au fil des ans. Que cela soit vrai ou non, cela ajoute certainement un élément supplémentaire d'intrigue à ces monuments historiques déjà fascinants. Alors que nous **nous promenions** autour des tumulus

jeg ikke lade være med at føle en følelse af ærefrygt. Disse enorme gravhøje er en påmindelse om, hvor anderledes livet var for folk i vikingetiden. Det er svært at forestille sig, hvordan det må have været at leve i en sådan tid, hvor døden var så almindelig. Tanken om alle de **mennesker, der** var blevet begravet her - nogle med stor ære og andre i skam - gjorde mig ret trist. Men der er også noget meget fredfyldt ved dette sted. **Måske** er det fordi det føles så langt væk fra det moderne livs travlhed. Eller måske er det fordi, at disse høje har stået her i **århundreder og været** vidne til menneskehedens **komme** og gåture gennem historien. Uanset hvad, er jeg glad for, at jeg fik chancen for at udforske dem. Jeg gik rundt ved Jelling Mounds og tog imod seværdighederne og lydene fra dette **fascinerende** historiske sted, da jeg pludselig fik en fornemmelse af, at jeg blev overvåget. Jeg vendte mig om, men der var ingen. Det må have været min fantasi.

Men så hørte jeg en lyd - en mærkelig, højlydt klagelyd. Det så ud til at komme inde fra en af højene. Mit hjerte begyndte at banke, da det **gik op for** mig, at jeg måske ikke var alene her alligevel. Da den uhyggelige klagelyde gav genlyd omkring mig, mærkede jeg en kold kulde løbe ned ad ryggen på mig. Der var **helt sikkert** noget mærkeligt, der foregik her.

de Jelling, je ne pouvais m'empêcher de ressentir un sentiment de crainte. Ces énormes tumulus rappellent à quel point la vie était différente à l'époque des Vikings. Il est difficile d'imaginer ce que cela a dû être de vivre à une époque où la mort était si courante. La pensée de toutes les **personnes qui** ont été enterrées ici - certaines avec grand honneur et d'autres dans la honte - m'a rendue assez triste. Mais il y a aussi quelque chose de très paisible dans cet endroit. C'est **peut-être** parce qu'il semble si éloigné de l'agitation de la vie moderne. Ou peut-être est-ce parce que ces monticules sont là depuis **des siècles**, témoins des **allées** et venues de l'humanité à travers l'histoire. Quoi qu'il en soit, je suis heureuse d'avoir eu la chance de les explorer. Je me promenais autour des tumulus de Jelling, profitant des images et des sons de ce site historique **fascinant**, lorsque j'ai soudain eu l'impression d'être observée. Je me suis retourné, mais il n'y avait personne. Ce devait être mon imagination.

Mais ensuite j'ai entendu un bruit - un étrange gémissement aigu. Il semblait venir de l'intérieur de l'un des monticules. Mon coeur s'est mis à battre la chamade quand j'ai **réalisé** que je n'étais peut-être pas seul ici après tout. Alors que le son sinistre des gémissements résonnait autour de moi, j'ai senti un froid glacial me parcourir l'échine. Il y avait **définitivement** quelque chose d'étrange qui se passait ici.

Forståelse spørgsmål

1. Hvad er Jellinghøjene?

2. Hvornår blev Jellinghøjene brugt?

3. Hvad fandt forfatteren i Jellinghøjene?

4. Hvad er en interessant kendsgerning om Jellinghøjene?

5. Hvordan følte forfatteren sig, da han gik rundt om Jelling Mounds?

6. Hvilken støj hørte forfatteren, mens han var ved Jelling Mounds?

7. Hvordan så den figur ud, der kom ud af højen?

8. Var figuren et spøgelse?

9. Hvad gjorde spøgelset?

Questions de compréhension

1. Que sont les tertres de Jelling ?

2. Quand les tumulus de Jelling ont-ils été utilisés ?

3. Qu'est-ce que l'auteur a trouvé à l'intérieur des tumulus de Jelling ?

4. Quel est un fait intéressant concernant les tumulus de Jelling ?

5. Qu'a ressenti l'auteur en se promenant autour des tumulus de Jelling ?

6. Quel bruit l'auteur a-t-il entendu lorsqu'il était aux Jelling Mounds ?

7. A quoi ressemblait la silhouette qui est sortie du monticule ?

8. Le personnage était-il un fantôme ?

9. Qu'a fait le fantôme ?

Danmarks vikingehistorie

Det første, du skal vide om Danmarks vikingehistorie, er, at danskerne var nogle af de mest frygtede **krigere** i deres tid. De var kendt for deres **brutalitet** og vildskab i kamp, og de plyndrede ofte andre lande for at plyndre deres ressourcer. Vikingerne var dog også dygtige landmænd, handlende og håndværkere, og de brugte deres færdigheder til at opbygge et velstående samfund. Et af de mest berømte aspekter af vikingekulturen er deres skibsbygningsteknologi. Vikingerne var i stand til at skabe utroligt robuste skibe, der kunne sejle over lange afstande og **modstå** barske forhold. Det gjorde det muligt for dem at rejse over hele Europa og endda nå frem til **Nordamerika**. Faktisk var en af de mest berømte vikingeforskere Leif Erikson, som sejlede fra Grønland hele vejen til Newfoundland i Canada!

En anden vigtig del af vikingernes kultur var deres religion. Vikingerne troede på mange guder og gudinder, bl.a. Odin (krigsguden), Thor (tordenguden), Freyja (kærlighedsgudinden) og Freyr (frugtbarhedsguden). De **tilbad** disse guder ved at bygge templer kaldet "hofs", hvor de ofrede dyr eller

L'histoire viking du Danemark

La première chose que vous devez savoir sur l'histoire viking du Danemark est que les Danois étaient parmi les **guerriers** les plus redoutés de leur époque. Ils étaient connus pour leur **brutalité** et leur férocité au combat, et ils effectuaient souvent des raids dans d'autres pays afin de piller leurs ressources. Cependant, les Vikings étaient également des agriculteurs, des commerçants et des artisans compétents, et ils ont utilisé leurs compétences pour construire une société prospère. L'un des aspects les plus célèbres de la culture viking est sa technologie de **construction navale**. Les Vikings étaient capables de créer des navires incroyablement robustes, capables de parcourir de longues distances et de **résister à des** conditions difficiles. Cela leur a permis de voyager dans toute l'Europe et même d'atteindre l'**Amérique** du Nord. En fait, l'un des plus célèbres explorateurs vikings était Leif Erikson, qui a navigué du Groenland jusqu'à Terre-Neuve au Canada !

La religion était un autre élément important de la culture viking. Les Vikings croyaient en de nombreux dieux et déesses, dont Odin (le dieu de la guerre), Thor (le dieu

endda mennesker. Vikingernes samfund var **opdelt** i tre klasser: adelige, frie mænd og slaver. Adelsmænd var rige godsejere, som havde magt over både frie mænd og slaver. Frimænd var fattige bønder eller håndværkere, der ejede lidt jord, men havde mere frihed end slaverne. Slaver var tilfangetagne fjender eller forbrydere, som ikke havde **nogen som helst** rettigheder; de kunne til enhver tid købes eller sælges af enhver med penge nok. Det første, du skal vide om Danmarks vikingehistorie, er, at danskerne var nogle af de mest frygtede krigere i deres tid. De var kendt for deres **brutalitet** og vildskab i kamp, og de plyndrede ofte andre **lande for at** plyndre deres ressourcer. Vikingerne var dog også dygtige landmænd, handlende og håndværkere, og de brugte deres færdigheder til at opbygge et **velstående** samfund.

du tonnerre), Freyja (la déesse de l'amour) et Freyr (le dieu de la fertilité). Ils **vénéraient** ces divinités en construisant des temples appelés "hofs" où ils offraient des sacrifices tels que des animaux ou même des humains. La société viking était **divisée** en trois classes : les nobles, les libres et les esclaves. Les nobles étaient de riches propriétaires terriens qui avaient le pouvoir sur les hommes libres et les esclaves. Les hommes libres étaient des fermiers ou des artisans pauvres qui possédaient peu de terres mais avaient plus de liberté que les esclaves. Les esclaves étaient des ennemis ou des criminels capturés qui n'avaient aucun droit ; ils pouvaient être achetés ou vendus à tout moment par quiconque avait suffisamment d'argent. La première chose à savoir sur l'histoire viking du Danemark est que les Danois étaient parmi les guerriers les plus redoutés de leur époque. Ils étaient connus pour leur **brutalité** et leur férocité au combat, et ils effectuaient souvent des raids dans d'autres **pays afin de** piller leurs ressources. Cependant, les Vikings étaient également des agriculteurs, des commerçants et des artisans compétents, et ils ont utilisé leurs compétences pour construire une société **prospère**.

Forståelse spørgsmål

1. Hvad var danskerne kendt for i vikingetiden?

2. Hvordan byggede vikingerne deres skibe?

3. Hvorfor var vikingerne i stand til at rejse så langt?

4. Hvem var den mest berømte vikingeudforsker?

5. Hvad var vikingernes tro?

6. Hvilke tre klasser fandtes der i vikingesamfundet?

7. Hvad havde adelsmændene magt over?

8. Hvad ejede de frie mænd?

9. Hvad var slavernes skæbne?

10. Hvad ofrede vikingerne som offer?

Questions de compréhension

1. Quelle était la réputation des Danois à l'époque des Vikings ?

2. Comment les Vikings construisaient-ils leurs bateaux ?

3. Pourquoi les Vikings ont-ils pu voyager aussi loin ?

4. Qui était le plus célèbre explorateur viking ?

5. Quelles étaient les croyances des Vikings ?

6. Quelles étaient les trois classes de la société viking ?

7. Sur quoi les nobles avaient-ils du pouvoir ?

8. Que possédaient les hommes libres ?

9. Quel était le sort des esclaves ?

10. Qu'est-ce que les Vikings offraient comme sacrifices ?

Vandreture gennem Møns Klint

Solen var ved at gå ned, da jeg begyndte min vandring op ad Møns Klint. Jeg havde **planlagt** dette i ugevis, og endelig var dagen kommet. Luften var frisk, og himlen var klar; det var perfekt vandrevejr. Mens jeg gik, tog jeg den **fantastiske** udsigt over klipperne og havet nedenunder i øjesyn. Det føltes godt at være ude i naturen, væk fra hverdagens travlhed og travlhed. Jeg nåede toppen af Møns Klint, lige da solen var ved at forsvinde bag horisonten. Udsigten heroppefra var endnu mere **betagende,** end jeg havde forestillet mig. Jeg kunne se milevidt i alle **retninger,** og det føltes som om jeg var på toppen af verden. Efter at have beundret udsigten i et stykke tid begyndte jeg vandringen nedad igen. **Nedturen** var meget lettere end opturen, og jeg nåede bunden på ingen tid. Jeg var træt, men glad, da jeg gik tilbage til min bil; det havde været en perfekt dag.

Næste dag vågnede jeg tidligt og besluttede mig for at vandre op ad Møns Klint igen. Denne gang ville jeg udforske området lidt mere og se, om der var andre stier, som jeg kunne tage. Efter at have **konsulteret** et kort begav jeg mig ud på en ny sti, der førte mig

Randonnée à travers Møns Klint

Le soleil se couchait lorsque j'ai commencé ma randonnée sur le Møns Klint. J'avais **prévu de** le faire depuis des semaines, et le jour était enfin arrivé. L'air était vivifiant et le ciel était dégagé ; c'était le temps idéal pour une randonnée. En marchant, j'ai profité de la vue **imprenable sur les** falaises et la mer en contrebas. Cela faisait du bien d'être dans la nature, loin de l'agitation de la vie quotidienne. J'ai atteint le sommet du Møns Klint juste au moment où le soleil disparaissait derrière l'horizon. La vue de là-haut était encore plus **époustouflante** que ce que j'avais imaginé. Je pouvais voir à des kilomètres **à la ronde,** et j'avais l'impression d'être au sommet du monde. Après avoir admiré la vue pendant un moment, j'ai commencé la randonnée pour redescendre. La **descente** était beaucoup plus facile que la montée, et j'ai atteint le bas en un rien de temps. J'étais fatigué mais heureux de retourner à ma voiture ; cette journée avait été parfaite.

Le lendemain, je me suis réveillé tôt et j'ai décidé de refaire la randonnée du Møns Klint. Cette fois, je voulais explorer un peu plus la région et voir s'il y avait d'autres sentiers à emprunter. Après avoir **consulté** une carte, je suis parti sur un nouveau sentier qui me

gennem noget **skov**. Der var uhyggeligt stille i skoven, og jeg begyndte at føle mig lidt urolig. Pludselig hørte jeg noget raslende i buskadset foran mig. Mit hjerte **slog hurtigere**, og jeg nærmede mig langsomt busken ... og fandt en lille kanin, der hoppede rundt! Jeg var lettet og grinede af mig selv, fordi jeg var så nervøs. Resten af **vandreturen** var **begivenhedsløs,** men der havde været nok spænding for én dag! Jeg var nu på min tredje vandredag, og jeg var blevet forelsket i området. Jeg havde aldrig før følt mig så forbundet med naturen, og jeg var ked af at tænke på, at min tid her var ved **at være** forbi. Jeg besluttede mig for at få mest muligt ud af min sidste dag ved at udforske en ny sti, der førte op i bakkerne.

Det var svært i starten, men jeg nåede hurtigt nok op på toppen. Heroppefra kunne jeg se milevidt i alle retninger; det var virkelig en betagende udsigt. Efter at have nydt landskabet i et stykke tid begyndte jeg at vandre nedad igen. Da jeg gik gennem skoven, fangede **noget** mit blik: en lille sti, der førte ud i det **fjerne**. Jeg var nysgerrig og fulgte den, indtil den endte i en lille **lysning ...** og der foran mig var der et **utroligt** syn: et vandfald! Det var ikke på noget kort, og jeg vidste, at der ikke var mange, der kendte til det.

menait à travers les **bois**. La forêt était étrangement calme et je commençais à me sentir un peu mal à l'aise. Soudain, j'ai entendu un bruissement dans les buissons devant moi. Le cœur **battant la chamade**, je me suis approché lentement du buisson... et j'ai trouvé un petit lapin en train de sautiller ! Soulagé, je me suis moqué de moi pour avoir été si nerveux. Le reste de la **randonnée** s'est **déroulé sans incident**, mais il y avait eu assez d'excitation pour une journée ! J'en étais à mon troisième jour de randonnée, et j'étais tombée amoureuse de la région. Je ne m'étais jamais sentie aussi proche de la nature auparavant, et j'étais triste de penser que mon séjour ici **touchait à sa** fin. J'ai décidé de tirer le meilleur parti de mon dernier jour en explorant un nouveau sentier qui menait dans les collines.

Le chemin était difficile au début, mais j'ai rapidement atteint le sommet. De là-haut, je pouvais voir à des kilomètres dans toutes les directions ; c'était vraiment une vue à couper le souffle. Après avoir profité du paysage pendant un moment, j'ai commencé à redescendre. Alors que je me frayais un chemin dans les bois, **quelque chose** a attiré mon attention : un petit sentier s'éloignant au **loin**. Curieux, je l'ai suivi jusqu'à ce qu'il aboutisse à une petite **clairière...** et là, devant moi, se trouvait un spectacle **incroyable** : une chute d'eau ! Elle ne figurait sur aucune carte, et je savais que peu de gens la connaissaient.

Forståelse spørgsmål

1. Hvor tager forfatteren på vandretur?

2. Hvad synes forfatteren om udsigten fra toppen af Møns Klint?

3. Hvad gør forfatteren på den anden dag af vandreturen?

4. Hvad finder forfatteren på den tredje dag af vandreturen?

5. Hvad tænker forfatteren om Møns Klint, da de forlader Møns Klint?

6. Hvor ligger Møns Klint?

7. Hvilken slags dyr skræmmer forfatteren på den anden dag af vandreturen?

8. Hvor mange dage vandrer forfatteren i alt?

9. Hvad tænker forfatteren om naturen, før han besøger Møns Klint?

10. Hvad gør forfatteren på den første dag på vandreturen?

Questions de compréhension

1. Où l'auteur fait-il des randonnées ?

2. Que pense l'auteur de la vue depuis le sommet du Møns Klint ?

3. Que fait l'auteur le deuxième jour de la randonnée ?

4. Au troisième jour de la randonnée, que trouve l'auteur ?

5. Que pense l'auteur de Møns Klint au moment de leur départ ?

6. Où se trouve Møns Klint ?

7. Quel genre d'animal effraie l'auteur le deuxième jour de la randonnée ?

8. Combien de jours au total l'auteur fait-il de la randonnée ?

9. Que pense l'auteur de la nature avant de visiter le Møns Klint ?

10. Que fait l'auteur le premier jour de la randonnée ?

Besøg i Nyhavn

Første gang jeg besøgte Nyhavn, var det kærlighed ved første blik. De farverige bygninger, de charmerende brostensbelagte gader, jeg vidste, at jeg måtte komme tilbage. Og det gjorde jeg så, igen og igen. Hvert besøg var som et lille stykke af **himlen**. Men så en dag **ændrede** noget **sig**. Nyhavn var ikke længere det samme som før. Farverne var dæmpede, gaderne var tomme ... Det føltes som en spøgelsesby. Jeg vidste ikke, hvad der var sket, men uanset hvad det var, **savnede** jeg det gamle Nyhavn inderligt. En dag, efter flere års fravær, besluttede jeg mig for at tage tilbage og se, om noget havde ændret sig. Til min **lettelse** (og glæde) var Nyhavn lige så **smuk som** altid! Farverne var endnu en gang klare, og gaderne var fulde af liv - det var som at træde ind i en drøm. " Jeg er ikke sikker på, hvad der fik mig til at komme tilbage til Nyhavn efter alle disse år.

 Måske var det minderne om alle de gode stunder, jeg havde haft der, eller måske savnede jeg bare stedet. **Uanset hvad** årsagen var, er jeg glad for, at jeg gjorde det. At gå ned ad de brostensbelagte gader igen, at se de farverige bygninger ... det var som at komme hjem. Og selv om Nyhavn har ændret sig gennem årene, er det stadig mit yndlingssted i verden. " Jeg vågnede

Visite de Nyhavn

La première fois que j'ai visité Nyhavn, j'ai eu le coup de foudre. Les bâtiments colorés, les charmantes rues pavées, je savais que je devais revenir. Et c'est ce que j'ai fait, encore et encore. Chaque visite était comme un petit coin de **paradis**. Mais un jour, quelque chose a **changé**. Nyhavn n'était plus ce qu'il était. Les couleurs étaient atténuées, les rues étaient vides... On aurait dit une ville fantôme. Je ne savais pas ce qui s'était passé, mais quoi qu'il en soit, l'ancienne Nyhavn me **manquait** énormément. Un jour, après des années d'absence, j'ai décidé d'y retourner pour voir si quelque chose avait changé. À mon **grand soulagement** (et à ma grande joie), Nyhavn était aussi **beau** que jamais ! Les couleurs étaient à nouveau vives et les rues grouillaient de vie - j'avais l'impression de pénétrer dans un rêve. "Je ne sais pas trop ce qui m'a poussée à revenir à Nyhavn après toutes ces années.

Peut-être que c'était le souvenir de tous les bons moments que j'avais passés là-bas, ou peut-être que l'endroit me manquait tout simplement. **Quelle qu'en soit la** raison, je suis heureux de l'avoir fait. Marcher à nouveau dans ces rues pavées, admirer les bâtiments colorés... c'était comme rentrer à la maison. Et même si Nyhavn a changé au fil des ans, c'est toujours mon

til lyden af måger der skreg og bølger der **slog** mod kajerne. Solen **tittede** lige over horisonten og kastede et lyserødt og orange skær over himlen. Jeg gabte og strakte mig og følte mig **helt** rolig. Det var dage som disse, der gjorde mig glad for, at jeg havde valgt at bo i Nyhavn. Der var noget ved dette sted, der bare føltes rigtigt. Jeg stod op af sengen og gik over til vinduet og tog udsigten over Nyhavns havn i mig med et smil på læben. Alt så så fredeligt ud. så perfekt. " **Pludselig** hørte jeg råb udefra, **efterfulgt af** et højt brag. Mit hjerte **sprang** et slag **over,** mens jeg løb hen til vinduet og frygtede, hvad jeg kunne se. Men da jeg kiggede ned, så jeg kun en gruppe mennesker, der **grinede** og jublede - de var i gang med en slags leg med en af bådene, der lå i havnen. "

Jeg sukkede lettet op og grinede af mig selv, fordi jeg var så nervøs. Det er bare en af de ting, man vænner sig til at bo her," En dag, mens du **slentrer** ned ad en af Nyhavns brostensbelagte gader og beundrer de farverige bygninger, falder du over en lille dør **gemt** væk mellem to butikker. "Du er **fascineret** af dens skjulte beliggenhed og mangel på skiltning og beslutter dig for at træde ind." Du befinder dig i et veloplyst rum, der ser ud som om det kunne være en del af et smukt hjem.

endroit préféré au monde. "Je me suis réveillé au son du cri des mouettes et des vagues **qui s'écrasent** sur les quais. Le soleil dépassait à peine l'horizon, projetant une lueur rose et orange dans le ciel. J'ai bâillé et me suis étiré, me sentant **complètement** en paix. C'était des jours comme celui-ci qui me rendaient heureuse d'avoir choisi de vivre à Nyhavn. Il y avait quelque chose dans cet endroit qui me convenait parfaitement. Je suis sortie du lit et je me suis approchée de la fenêtre, admirant la vue sur le port de Nyhavn avec un sourire sur le visage. Tout semblait si paisible, si parfait. "**Soudain,** j'ai entendu des cris à l'extérieur, **suivis d**'un grand fracas. Mon cœur a fait un **bond** et j'ai couru vers la fenêtre, craignant ce que je pourrais voir. Mais quand j'ai regardé en bas, tout ce que j'ai vu, c'est un groupe de personnes qui **riaient** et se réjouissaient - ils jouaient à une sorte de jeu avec l'un des bateaux amarrés dans le port. "

J'ai poussé un soupir de soulagement et me suis moqué de moi pour avoir été si nerveux. Un jour, alors que vous **vous promenez** dans une des rues pavées de Nyhavn en admirant les bâtiments colorés, vous tombez sur une petite porte **cachée** entre deux boutiques. "**Intrigué** par son emplacement caché et l'absence d'enseigne, vous décidez d'entrer." Vous vous retrouvez dans une pièce bien éclairée qui semble pouvoir faire partie d'une belle maison.

Forståelse spørgsmål

1. Hvad siger forfatteren om Nyhavn første gang de besøgte den?

2. Hvordan har forfatteren det med Nyhavn, da de efter nogen tid besøger dem igen?

3. Hvorfor mener forfatteren, at Nyhavn har ændret sig?

4. Hvordan har forfatteren det, da han ser, at Nyhavn er den samme som før?

5. Hvad siger forfatteren om at bo i Nyhavn?

6. Hvad gør forfatteren, da de hører råb og et brag udenfor?

7. Hvad siger forfatteren om den lille dør, som de finder?

8. Hvordan føler forfatteren sig efter at have tilbragt noget tid i det skjulte rum?

9. Hvad mener forfatteren om den person, der tilbringer tid i rummet?

Questions de compréhension

1. Que dit l'auteur à propos de Nyhavn lors de leur première visite ?

2. Que ressent l'auteur à propos de Nyhavn lorsqu'ils y retournent après un certain temps ?

3. Pourquoi l'auteur pense-t-il que Nyhavn a changé ?

4. Que ressent l'auteur lorsqu'il voit que Nyhavn est le même qu'avant ?

5. Que dit l'auteur à propos de la vie à Nyhavn ?

6. Que fait l'auteur lorsqu'il entend des cris et un fracas à l'extérieur ?

7. Que dit l'auteur à propos de la petite porte qu'ils trouvent ?

8. Que ressent l'auteur après avoir passé un certain temps dans la pièce cachée ?

9. Que pense l'auteur de la personne qui passe du temps dans la chambre ?

På stranden

Efter solopgang er bølgerne højere, og sandet over tidevandet er hvidt. Jeg går ned til stranden og **beundrer** havet og solen. Mine tæer mærker muslingernes riller. Sandet er koldt på mine tæer. Jeg smiler og går videre. Tidevandet er højt, så jeg skal passe på ikke at blive trukket ind i vandet. Jeg går langs vandkanten og beundrer havet. Solopgangen er **smuk, og** bølgerne brydes. Jeg føler mig så fredfyldt. Jeg kommer til et sted, hvor der er en klippeudspring. Jeg sætter mig ned og ser på bølgerne. Vandet er så blåt, og himlen er så **orange**. Jeg føler mig som om jeg er i en drøm. Jeg lukker øjnene og lytter bare til bølgerne. Jeg sad der længe, indtil jeg hørte nogen kalde mit navn.

Jeg åbner øjnene og ser min mor gå hen imod mig. Hun har et bekymret udtryk i ansigtet. Jeg smiler og vinker, og hun **slapper af**. "Jeg undrede mig over, hvor du gik hen," siger hun. "Jeg er glad for, at du nyder stranden." Jeg svarer: "Det gør jeg." "Det er så smukt her." "Det ved jeg godt," siger hun. "Jeg plejede at komme her hele tiden, da jeg var på din alder." "Virkelig?" Jeg spørger. "Ja," svarer hun. "Det er et specielt sted." "Har du nogensinde mødt nogen speciel her?" Jeg spørger. "Ja, det har jeg," svarer hun med et smil. "Din far."

A la plage

Après le lever du soleil, les vagues sont plus fortes et le sable au-dessus de la marée est blanc. Je marche jusqu'à la plage, **admirant** la mer et le soleil. Mes orteils sentent les rainures des coquillages. Le sable est froid sur mes orteils. Je souris et je continue. La marée est haute, alors je dois faire attention à ne pas me laisser entraîner. Je marche le long du bord de l'eau, en admirant la mer. Le lever du soleil est **magnifique**, et les vagues s'écrasent. Je me sens si paisible. J'arrive à un endroit où il y a un affleurement rocheux. Je m'assieds et je regarde les vagues. L'eau est si bleue et le ciel est si **orange**. J'ai l'impression d'être dans un rêve. Je ferme les yeux et je me contente d'écouter les vagues. Je suis restée assise pendant un long moment, jusqu'à ce que j'entende quelqu'un m'appeler.

J'ouvre les yeux et je vois ma mère marcher vers moi. Elle a un air inquiet sur le visage. Je souris et je lui fais signe, et elle **se détend**. "Je me demandais où tu étais allée", dit-elle. "Je suis contente que tu profites de la plage." Je réponds : "J'en profite." "C'est tellement beau ici." "Je sais", dit-elle. "Je venais ici tout le temps quand j'avais ton âge." "Vraiment ?" Je demande. "Ouais", répond-elle. "C'est un endroit spécial." "As-tu déjà rencontré quelqu'un de spécial ici ?" Je demande. "Oui",

“Virkelig?” Jeg siger **overrasket**. “Ja,” siger hun. “Vi plejede at komme her hele tiden sammen. Det var her, vi blev forelskede. “ Jeg smiler og **forestiller mig, at** mine forældre forelskede sig på denne smukke strand. “Det er et særligt sted,” gentager hun. “Jeg er glad for, at du kom her i dag.”

Vi sidder der et stykke tid endnu og **ser på** bølgerne og solnedgangen. Så rejser vi os og går tilbage til vores strandhåndklæder. Jeg lægger mig ned og kigger på stjernerne. Jeg føler mig så glad og tilfreds. Bølgerne er højere nu, og sandet er koldt. Solen er ved at gå ned, og der blæser en kølig brise. Bølgerne slår mod kysten, og der er en duft af salt i luften. Det er en perfekt aften at være på stranden. Jeg går langs kysten, **lytter** til lyden af bølgerne og ser solnedgangen. Jeg ser en gruppe mennesker sidde på sandet og grine og lave sjov. De ser ud til at have det sjovt. Jeg går hen til dem og spørger, om jeg må slutte mig til dem. De siger ja, og vi tilbringer resten af aftenen med at tale, grine og se **solnedgangen**. Det er en perfekt aften. Gruppen og jeg taler sammen, indtil solen går ned. Vi deler historier og vittigheder, og vi har det alle rigtig sjovt. Da natten begynder at falde på, begynder vi alle at føle os trætte. Vi kysser hinanden **farvel** og går fra hinanden. Jeg går tilbage til mit hotel og føler mig glad og tilfreds. Jeg kan slet ikke tro, hvor dejligt det er her. Jeg er så heldig at have **oplevet** det.

répond-elle avec un sourire. "Ton père." "Vraiment ?"
Je dis, **surpris**. "Oui," dit-elle. "Nous avions l'habitude
de venir ici tout le temps ensemble. C'est là que nous
sommes tombés amoureux. " Je souris, **imaginant**
mes parents tombant amoureux sur cette magnifique
plage. " C'est un endroit spécial ", répète-t-elle. "Je suis
contente que tu sois venu ici aujourd'hui."

Nous restons assis là un moment de plus, à **regarder**
les vagues et le coucher de soleil. Puis nous nous
levons et retournons à nos serviettes de plage.
Je m'allonge et regarde les étoiles. Je me sens si
heureuse et satisfaite. Les vagues sont plus fortes
maintenant, et le sable est froid. Le soleil se couche et
une brise fraîche souffle. Les vagues s'écrasent sur le
rivage et l'odeur du sel flotte dans l'air. C'est une soirée
parfaite pour être à la plage. Je me promène le long du
rivage, en **écoutant le** bruit des vagues et en regardant
le coucher du soleil. Je vois un groupe de personnes
assises sur le sable, qui rient et plaisantent. Ils ont
l'air de passer un bon moment. Je m'approche d'eux
et leur demande si je peux les rejoindre. Ils acceptent
et nous passons le reste de la soirée à parler, à rire
et à regarder le **coucher de soleil**. C'est une soirée
parfaite. Le groupe et moi parlons jusqu'au coucher du
soleil. Nous partageons des histoires et des blagues,
et nous passons tous un bon moment. À la tombée de
la nuit, nous commençons tous à nous sentir fatigués.
Nous nous embrassons et nous nous séparons.

Forståelse spørgsmål

1. Hvor går fortælleren hen, efter at hun er vågnet op?

2. Hvad er det, som fortælleren beundrer, mens hun går langs stranden?

3. Hvad skal fortælleren være opmærksom på, når hun går langs stranden?

4. Hvor sætter fortælleren sig ned for at nyde udsigten?

5. Hvor længe sidder fortælleren der?

6. Hvem ser fortælleren, da hun åbner øjnene igen?

7. Hvad siger fortæller fortællerens mor?

8. Hvad taler fortælleren og de mennesker, hun møder, om?

Questions de compréhension

1. Où va la narratrice après son réveil ?

2. Qu'est-ce que la narratrice admire en marchant le long de la plage ?

3. De quoi la narratrice doit-elle se méfier lorsqu'elle marche le long de la plage ?

4. Où le narrateur s'assoit-il pour profiter de la vue ?

5. Combien de temps le narrateur reste-t-il assis là ?

6. Qui la narratrice voit-elle lorsqu'elle ouvre à nouveau les yeux ?

7. Que dit la mère du narrateur ?

8. De quoi parlent la narratrice et les personnes qu'elle rencontre ?

Camping ved søen

Jeg går hen mod søen og **beundrer den** fredfyldte scene. Solen skinner ned på den lille sø og får vandet til at ligne en glasplade. Den eneste bevægelse er den lejlighedsvise krusning fra en fisk, der **bryder** overfladen. Selv fuglene synes at tage en pause fra varmen, og kun lyden af cikader fylder luften. **Pludselig** bliver freden brudt af et højt plask. En stor **fisk** er hoppet op af vandet og forsøger at fange en guldsmed. Fisken rammer forbi sit mål og falder tilbage i vandet med et plask. "Wow," tænker jeg ved mig selv, "det var en stor fisk!". Jeg kiggede mig omkring for at se, om der var andre, der havde set den, men der var ingen i nærheden. Jeg må vel fortælle dem det, når jeg kommer tilbage til lejren.

Varmen er **trykkende** og gør det svært at trække vejret. Luften er tyk og tung, som et tæppe, der er svøbt om dig. Den eneste lindring er i vandet. Det er køligt og forfriskende, som en kold drik på en varm dag. Jeg tager en dyb indånding og dykker ned i vandet. Jeg bliver straks lettet, da det kølige vand omgiver mig. Jeg svømmer ned til bunden og så op til overfladen igen og føler vandet køle min krop ned. Jeg fortsætter med at **svømme** omgange og nyder det behagelige pusterum fra varmen. Efter et stykke tid kommer jeg op af vandet

Camping au lac

Je me dirige vers le lac, **admirant** la tranquillité de la scène. Le soleil tape sur le petit lac, faisant ressembler l'eau à une feuille de verre. Le seul mouvement est l'ondulation occasionnelle d'un poisson **brisant la** surface. Même les oiseaux semblent prendre une pause de la chaleur, avec seulement le son des cigales remplissant l'air. **Soudain**, la paix est rompue par un grand plouf. Un gros **poisson** a sauté hors de l'eau, essayant d'attraper une libellule. Le poisson rate sa cible et retombe dans l'eau avec un plouf. "Wow," je me dis, "c'était un gros poisson !". J'ai regardé autour de moi pour voir si quelqu'un d'autre l'avait vu, mais il n'y avait personne. Je suppose que je devrai leur dire quand je rentrerai au camp.

La chaleur est **oppressante**, il est difficile de respirer. L'air est épais et lourd, comme une couverture qui vous enveloppe. Le seul soulagement est dans l'eau. Elle est fraîche et rafraîchissante, comme une boisson fraîche par une journée chaude. Je prends une profonde inspiration et je plonge dans l'eau. Le soulagement est immédiat car l'eau fraîche m'entoure. Je nage jusqu'au fond, puis remonte à la surface, sentant l'eau refroidir mon corps. Je continue à **faire** des longueurs, appréciant le répit de la chaleur. Après un moment,

og lægger mig ned på græsset, så solen kan tørre min krop. Jeg lukker øjnene og falder i søvn, mens lyden af **cikaderne** luller mig ind i en dyb dvale. Jeg lader solen bage vandet ud af min hud. Jeg kan mærke, at min hud bliver rød, men jeg er ligeglad. Det næste jeg ved er, at solen er ved at gå ned. Himlen er smukt orange med striber af pink og lilla. Varmen er væk og erstattet af en kølig **brise**.

Jeg rejser mig op og tager mit tøj på igen og føler mig frisk og forynget. Jeg tager en dyb **indånding** af den kølige luft og smiler. Det føles godt at være i live. Jeg går tilbage til campingpladsen og beundrer den måde, farverne danser på himlen. Jeg kan se lejrbålet brænde i det fjerne, og jeg kan lugte røgen i luften. Jeg smiler og **sætter** farten **op.** Jeg er klar til at slappe af og nyde resten af min aften. Jeg går ind på lejrpladsen og ser, at alle er samlet omkring bålet. De **griner** og laver sjov, og jeg kan se ilden reflektere i deres øjne. Jeg smiler og sætter mig ned ved siden af mine venner. Det er godt at være tilbage. Næste morgen vågner jeg tidligt og begynder at pakke mine ting sammen. Jeg er ivrig efter at komme tilbage på stien og fortsætte min rejse. Jeg siger farvel til mine venner og begynder at gå væk. Mens jeg går, kigger jeg en sidste gang på **lejrpladsen**. Jeg kan se, at bålet stadig brænder i det fjerne, og jeg kan lugte røgen i luften. Jeg smiler og sætter farten op. Jeg er klar til at fortsætte min **rejse**.

je sors de l'eau et je m'allonge sur l'herbe, laissant le soleil sécher mon corps. Je ferme les yeux et m'endors, le son des **cigales** me berce dans un profond sommeil. Je laisse le soleil faire sortir l'eau de ma peau. Je sens que ma peau devient rouge, mais je m'en moque. J'ai trop chaud pour m'en soucier. La prochaine chose que je sais, c'est que le soleil se couche. Le ciel est d'un bel orange, avec des traces de rose et de violet. La chaleur a disparu, remplacée par une **brise** fraîche.

Je me lève et me rhabille, me sentant rafraîchie et rajeunie. Je **respire** profondément l'air frais et je souris. C'est bon d'être en vie. Je retourne au camping, en admirant la façon dont les couleurs dansent dans le ciel. Je peux voir le feu de camp qui brûle au loin et je peux sentir la fumée dans l'air. Je souris et j'**accélère le** pas. Je suis prête à me détendre et à profiter du reste de ma soirée. J'entre dans le camping et je vois que tout le monde est rassemblé autour du feu. Ils **rient** et plaisantent, et je peux voir le feu se refléter dans leurs yeux. Je souris et m'assieds à côté de mes amis. C'est bon d'être de retour. Le lendemain matin, je me réveille tôt et je commence à préparer mes affaires. J'ai hâte de retourner sur le sentier et de poursuivre mon voyage. Je dis au revoir à mes amis et commence à m'éloigner. En marchant, je jette un dernier regard sur le **camping**. Je peux voir le feu qui brûle toujours au loin et je peux sentir la fumée dans l'air. Je souris et j'accélère le pas. Je suis prêt à poursuivre mon **voyage**.

Forståelse spørgsmål

1. Hvor skal den gående hen?

2. Hvilken slags vejr er det?

3. Hvordan ser vandet ud?

4. Hvordan reagerer rollatoren på varmen?

5. Hvad laver fisken?

6. Hvorfor er vandringsmanden alene?

7. Hvordan føles vandet?

8. Hvordan har den gående det efter svømning?

9. Hvad tid på dagen er det, når rollatoren vågner?

10. Hvor tager vandringsmanden hen, når han forlader lejren?

Questions de compréhension

1. Où va le marcheur ?

2. Quel temps fait-il ?

3. À quoi ressemble l'eau ?

4. Comment le marcheur réagit-il à la chaleur ?

5. Que fait le poisson ?

6. Pourquoi le marcheur est-il seul ?

7. Quelle est la sensation de l'eau ?

8. Comment le marcheur se sent-il après avoir nagé ?

9. A quelle heure de la journée le déambulateur se réveille-t-il ?

10. Où va le marcheur quand il quitte le camp ?

Huset

Jeg flyttede ind i mit nye hus i sidste uge, og jeg er så **glad for det**! Det er så meget større end mit gamle, og det har en stor baghave. Jeg kan ikke vente med at have venner på besøg til grillfester og fester. Mit yndlingssted er mit nye soveværelse. Det er så stort og lyst, og jeg har masser af plads til at lægge alle mine ting. Jeg er virkelig glad for mit nye hus, og jeg tror, at jeg vil blive meget glad her. Jeg besluttede mig for at udforske huset lidt mere. Jeg gik op på anden sal og begyndte at gå hen til køkkenet, da jeg så en stor sort edderkop på væggen! Jeg skreg og løb ned ad trappen. Jeg var så **bange**! Men efter et par minutter faldt jeg til ro og besluttede mig for at gå tilbage ovenpå. Jeg gik langsomt op i køkkenet og så, at edderkoppen var væk. Jeg var så lettet! Jeg gik tilbage nedenunder og besluttede mig for at gå udenfor for at udforske **baghaven**. Den var så stor! Jeg kunne ikke tro det. Jeg så en gynge i hjørnet og en rutsjebane. Jeg så også et basketballnet og en **trampolin**. Jeg var så spændt!

Jeg kan ikke vente med at bruge alle de nye ting. **Naboerne** kom over og præsenterede sig. De virkede rigtig søde, og vi talte lidt sammen. De inviterede mig til deres grillfest næste weekend, og jeg sagde, at jeg gerne ville komme. Jeg har haft en god første uge i mit nye hus, og jeg glæder mig til alle de nye eventyr, der

La Maison

J'ai emménagé dans ma nouvelle maison la semaine dernière, et je suis si **excitée** ! Elle est tellement plus grande que l'ancienne, et elle a un grand jardin. J'ai hâte d'inviter des amis pour des barbecues et des fêtes. Ce que je **préfère,** c'est ma nouvelle chambre. Elle est si grande et lumineuse, et j'ai beaucoup d'espace pour mettre toutes mes affaires. Je suis très contente de ma nouvelle maison et je pense que je serai très heureuse ici. J'ai décidé d'explorer un peu plus la maison. Je suis monté au deuxième étage et j'ai commencé à me diriger vers la cuisine quand j'ai vu une grosse araignée noire sur le mur ! J'ai crié et j'ai couru en bas. J'avais tellement **peur** ! Mais après quelques minutes, je me suis calmée et j'ai décidé de retourner à l'étage. J'ai lentement fait mon chemin vers la cuisine et j'ai vu que l'araignée était partie. J'étais tellement soulagée ! Je suis redescendu et j'ai décidé de sortir pour explorer le **jardin**. Elle était si grosse ! Je n'arrivais pas à y croire. J'ai vu une balançoire dans le coin et un toboggan. J'ai aussi vu un filet de basket et un **trampoline**. J'étais tellement excitée!

J'ai hâte d'utiliser tous ces nouveaux trucs. Les **voisins** sont venus et se sont présentés. Ils avaient l'air très gentils, et nous avons parlé un moment. Ils m'ont invité à leur barbecue le week-end prochain, et j'ai dit que j'aimerais beaucoup venir. J'ai passé une excellente

venter forude. I dag vil jeg gå på opdagelse i baghaven igen og se, hvad jeg ellers kan finde. Hvem ved, måske finder jeg endda en **skat**. Jeg glæder mig til at se, hvad den næste uge bringer! Den næste uge gik jeg på opdagelse i baghaven igen, og jeg fandt en **hemmelig** have. Den var så smuk! Der var blomster overalt og en lille dam med fisk i. Jeg så også et gyngestativ, som jeg ikke havde set før. Jeg var så glad for at finde denne hemmelige have, og jeg kan ikke vente med at udforske den mere. Den var så **smuk**!

Der var blomster overalt og en lille dam med fisk i. Jeg så også et gyngestativ, som jeg ikke havde set før. Jeg var så spændt på at finde denne hemmelige have, og jeg glæder mig til at udforske den mere. Jeg var også vild med mit nye værelse. Det var så stort og lyst, og der var allerede plakater af mine yndlingsbands på væggene. Jeg behøvede ikke engang at tage mine egne **møbler** med, for der var allerede en seng, en kommode og et skrivebord her. Det her bliver det bedste år nogensinde! Jeg var lidt nervøs for at starte på en ny **skole,** men alle mine nye naboer har været så venlige.

première semaine dans ma nouvelle maison et j'ai hâte de vivre toutes les nouvelles aventures qui m'attendent. Aujourd'hui, je vais encore aller explorer le jardin et voir ce que je peux trouver d'autre. Qui sait, peut-être vais-je même trouver un **trésor**. J'ai hâte de voir ce que la semaine prochaine nous réserve ! La semaine suivante, je suis retourné explorer le jardin et j'ai trouvé un jardin **secret**. C'était tellement beau ! Il y avait des fleurs partout et un petit étang avec des poissons dedans. J'ai aussi vu une balançoire que je n'avais jamais vue auparavant. J'étais si excitée de trouver ce jardin secret, et j'ai hâte de l'explorer davantage. C'était tellement **beau** !

Il y avait des fleurs partout et un petit étang avec des poissons dedans. J'ai aussi vu une **balançoire** que je n'avais jamais vue auparavant. J'étais si excitée de trouver ce jardin secret, et j'ai hâte de l'explorer davantage. J'ai aussi adoré ma nouvelle chambre. Elle était si grande et lumineuse, et il y avait déjà des posters de mes groupes préférés sur les murs. Je n'ai même pas eu besoin d'apporter mes propres **meubles** car il y avait déjà un lit, une commode et un bureau. Ça va être la meilleure année de ma vie ! J'étais un peu nerveux à l'idée de commencer dans une nouvelle **école**, mais tous mes nouveaux voisins ont été si gentils.

Forståelse spørgsmål

1. Hvor bor den pågældende?

2. Hvordan kan personen lide at bo i det nye hus?

3. Hvad er den pågældendes yndlingssted i det nye hus?

4. Hvad fandt personen i haven?

5. Hvem er naboerne?

6. Hvordan føltes de første dage i det nye hus?

7. Hvad er den pågældendes foretrukne del af det nye rum?

8. Hvad har personen planer om at gøre i morgen?

9. Hvad var det bedste ved personens første uge i det nye hus?

10. Hvad er alt i personens nye værelse?

Questions de compréhension

1. Où vit la personne ?

2. Comment la personne se sent-elle dans sa nouvelle maison ?

3. Quelle est la partie de la nouvelle maison que la personne préfère ?

4. Qu'est-ce que la personne a trouvé dans le jardin ?

5. Qui sont les voisins ?

6. Comment se sont passés les premiers jours de la personne dans sa nouvelle maison ?

7. Quelle est la partie de la nouvelle pièce que la personne préfère ?

8. Qu'est-ce que la personne prévoit de faire demain ?

9. Quelle a été la meilleure partie de la première semaine de la personne dans sa nouvelle maison ?

10. Qu'y a-t-il dans la nouvelle chambre de la personne ?

På toget

Jeg løb hen til togstationen, men jeg kom for sent. Toget var allerede kørt uden mig. Jeg følte mig så **vred** og **skuffet** over mig selv. Jeg havde planlagt at tage toget for at besøge mine bedsteforældre, som bor på landet, men nu skulle jeg vente en hel time på det næste tog. Jeg besluttede mig for at gå rundt i byen et stykke tid i stedet og forsøgte at glemme min forpassede chance. Mens jeg gik, begyndte jeg at **dagdrømme** om alle de steder, man kan komme med **tog.** Pludselig var jeg ikke længere så ked af det. Jeg går tilbage til stationen og kan ikke undgå at lægge mærke til det store røde, hvide og blå lokomotiv, der kommer kørende mod mig. Det er først da jeg ser **konduktøren** vinke til mig fra vinduet, at det går op for mig, at dette tog er til mig. Jeg stiger på toget og finder min plads og sætter mig til rette til det, der lover at blive en lang rejse.

Da vi kører ud af stationen, kan jeg ikke lade være med at tænke på, hvor dette tog vil føre mig hen. Gennem grønne **marker** og over blå floder, forbi bjerge og dale, der er ikke til at sige, hvor dette gamle tog vil køre hen. Da natten begynder at falde på, falder jeg i en **fredelig** søvn, vugget af de **rytmiske** bevægelser fra vognene på skinnerne nedenfor. Da morgenen kommer igen, åbner jeg øjnene og opdager, at vi er ankommet til en

Dans le train

J'ai couru jusqu'à la gare, mais c'était trop tard. Le train était déjà parti sans moi. Je me suis sentie tellement **en colère** et **déçue** de moi-même. J'avais prévu de prendre le train pour rendre visite à mes grands-parents qui vivent à la campagne, mais maintenant je devais attendre le prochain train pendant une heure entière. J'ai décidé de me promener un peu dans la ville à la place et j'ai essayé d'oublier cette occasion manquée. En marchant, j'ai commencé à **rêver à** tous les endroits où le **train** peut vous emmener. Soudain, je n'étais plus aussi contrariée. Je suis retourné dans la gare et je n'ai pu m'empêcher de remarquer la grande locomotive rouge, blanche et bleue qui se dirigeait vers moi. Ce n'est que lorsque je vois le **conducteur** me faire signe par la fenêtre que je réalise que ce train est pour moi. Je monte dans le train et trouve mon siège, m'installant pour ce qui promet d'être un long voyage.

Alors que nous sortons de la gare, je ne peux m'empêcher de me demander où ce train va m'emmener. À travers des **champs** verts et des rivières bleues, en passant par des montagnes et des vallées, on ne sait pas où ce vieux train va aller. À la tombée de la nuit, je m'endors **paisiblement**, bercé par le mouvement **rythmique** des wagons sur les rails en contrebas. Quand le matin revient, j'ouvre les yeux

lille by et sted midt i ingenting. Solen titter lige frem over horisonten, mens de lokale begynder at myldre rundt på Main Street; det ligner enhver anden dag her bortset fra én ting - der er et stort skilt ved rådhuset, hvor der står "Velkommen om bord!" Det ser ud til, at denne lille by har ventet os, selv om vi bare er et almindeligt passagertog, der kører igennem på vej til et andet sted. Da vi endnu en gang lægger byen bag os og kører videre mod hvem ved hvor vi nu skal hen, smiler jeg til alle de venlige ansigter, der vinker farvel fra de små huse, der ligger i **landskabet - det** er virkelig utroligt, hvordan noget så tilsyneladende almindeligt kan bringe så meget glæde blot ved at passere. Og så er der selvfølgelig **børnene**.

Jeg læner mig ud af vinduet på mit lokomotiv. De gør mig altid så glad med deres strålende øjne og store grin. Jeg vinker energisk tilbage til dem, inden jeg vender tilbage til min **kabine** og sætter mig ned. Det har allerede været en lang dag, men den er ikke slut endnu; der er stadig et par timer til, før vi når vores endelige **destination**. Jeg tager min bog frem og begynder at læse, mens jeg lader togets rytmiske gyngen lulle mig ind i en fredfyldt tilstand. Indimellem kigger jeg op på landskabet, der passerer forbi udenfor - det bliver aldrig gammelt, uanset hvor mange gange jeg ser det.

pour constater que nous sommes arrivés dans une petite ville quelque part au milieu de nulle part. Le soleil pointe à peine à l'horizon et les habitants commencent à s'agiter dans la rue principale ; c'est un jour comme les autres ici, à l'exception d'une chose : il y a un grand panneau près de l'hôtel de ville qui dit "Bienvenue à bord". Il semble que cette petite ville nous attendait, même si nous ne sommes qu'un train de **voyageurs** ordinaire qui passe par là pour aller ailleurs. Alors que nous laissons la ville derrière nous une fois de plus, en direction d'on ne sait où, je souris à tous les visages amicaux qui nous saluent depuis ces petites maisons nichées au milieu des **terres agricoles - c**'est vraiment étonnant de voir comment quelque chose d'apparemment si ordinaire peut apporter tant de joie simplement en passant par là. Et puis, bien sûr, il y a les **enfants**.

Je me penche par la fenêtre de ma locomotive. Ils me rendent toujours si heureux avec leurs yeux brillants et leurs grands sourires. Je leur fais un signe de la main énergique avant de retourner dans ma **cabine** et de m'asseoir. La journée a déjà été longue, mais elle n'est pas encore terminée ; il reste encore quelques heures avant d'atteindre notre **destination** finale. Je sors mon livre et commence à lire, laissant le balancement rythmique du train me bercer dans un état paisible. Ans tant d'aventures, réelles ou **imaginaires**, et je leur en serai toujours reconnaissant.

Forståelse spørgsmål

1. Hvor skal toget hen?

2. Hvem rejser med toget?

3. Hvornår kører toget?

4. Hvordan kommer hovedpersonen på toget?

5. Hvor kommer toget fra?

6. Hvor skal toget hen næste gang?

7. Hvornår ankom passagererne?

8. Hvordan har hovedpersonen det, da han misser toget?

9. Hvordan reagerer lokomotivføreren, da han ser hovedpersonen?

10. Hvorfor kan hovedpersonen lide tog?

Questions de compréhension

1. Où va le train ?

2. Qui voyage dans le train ?

3. Quand le train part-il ?

4. Comment le protagoniste monte-t-il dans le train ?

5. D'où vient le train ?

6. Où le train va-t-il ensuite ?

7. Quand les passagers sont-ils arrivés ?

8. Que ressent le protagoniste lorsqu'il rate le train ?

9. Comment le conducteur du train réagit-il lorsqu'il voit le protagoniste ?

10. Pourquoi le protagoniste aime-t-il les trains ?

Tilberedning af aftensmad

Klokken er 17.00 nu, og jeg er på vej hjem fra arbejde. Jeg **glæder mig** til at få en rolig aften derhjemme med min partner. Vi laver aftensmad sammen og slapper så bare af resten af aftenen. Det føles godt at vide, at jeg ikke har nogen planer eller forpligtelser denne **aften**. Jeg kommer hjem, og min partner er allerede i køkkenet og er begyndt at forberede vores middag. Det dufter **fantastisk** herinde! Vi snakker, mens vi laver mad, og vi får snakket om hinandens dage og deler små historier fra vores arbejdsliv. Køkkenet er mit yndlingsrum i vores lejlighed. Jeg elsker at lave mad, og jeg elsker især at lave mad sammen med min partner. Vi har det altid så sjovt herinde, hvor vi griner og laver sjov, mens vi laver mad i en storm. Desuden er maden altid **fantastisk,** når vi arbejder **sammen**.

I aften laver vi en af mine absolutte yndlingsopskrifter: **kylling** med parmesan. Min partner starter med at panere kyllingen, mens jeg får saucen til at simre på **komfuret**. Vi arbejder sammen som en velsmurt maskine, og inden længe er maden klar til servering. Vi sætter os ved vores lille køkkenbord med **tallerkener** fyldt med parmesankylling, pasta og salat. Vi klirrer med

Cuisiner le dîner

Il est 17 heures et je rentre à pied du travail. J'ai **hâte** de passer une soirée tranquille à la maison avec mon partenaire. Nous allons préparer le dîner ensemble et nous détendre pour le reste de la nuit. C'est agréable de savoir que je n'ai aucun projet ni aucune obligation ce **soir**. J'arrive à la maison et mon partenaire est déjà dans la cuisine, en train de préparer notre dîner. Ça sent **très bon** ici ! Nous bavardons tout en cuisinant, prenant des nouvelles de nos journées respectives et partageant des petites histoires de nos vies professionnelles. La cuisine est ma pièce préférée dans notre appartement. J'adore cuisiner, et j'aime particulièrement cuisiner avec mon partenaire. Nous passons toujours un bon moment ici, à rire et à plaisanter pendant que nous cuisinons. De plus, la nourriture est toujours **incroyable** lorsque nous travaillons **ensemble**.

Ce soir, nous faisons l'une de mes recettes préférées : le **poulet au** parmesan. Mon partenaire commence par paner le poulet pendant que je fais mijoter la sauce sur la **cuisinière**. Nous travaillons ensemble comme une machine bien huilée, et en peu de temps, le dîner

glassene og tager den første bid - og det er **himmelsk!** Kyllingen er sprød udenpå, men saftig indeni; saucen er smagfuld og perfekt; pastaen er kogt al dente ... alt smager helt perfekt i aften. Vi ved begge to, at det var en af de aftener, hvor alt bare var perfekt, mens vi **nyder** hver eneste bid af vores lækre måltid. Det smagte endnu bedre end det lugtede - og det var fandeme godt! Vi spiser forholdsvis hurtigt op, da ingen af os er særlig sultne i dag, men vi tager os god tid til at nyde et par **glas** vin mere, mens vi snakker let om dette og hint emne. Efter middagen rydder vi hurtigt op sammen og bevæger os derefter ind i stuen, hvor vi bruger lidt tid på at **hygge os i** sofaen, mens vi ser tv.

Det føles så dejligt at være tæt på hinanden efter en lang **arbejdsdag, hvor vi har været** adskilt. Jeg føler mig tilfreds. Selv om vi ikke havde en begivenhedsrig aften, var det rart bare at tilbringe lidt tid sammen uden at skulle forlade huset. Vi så en film og gik tidligt i seng og følte os **tilfredse** med vores enkle aften.

est prêt à être servi. Nous nous asseyons à notre petite table de cuisine avec des **assiettes** remplies de poulet au parmesan, de pâtes et de salade. Nous faisons tinter les verres et prenons notre première bouchée - et c'est **divin** ! Le poulet est croustillant à l'extérieur mais juteux à l'intérieur ; la sauce est savoureuse et parfaite ; les pâtes sont cuites al dente... tout a un goût absolument parfait ce soir. Nous savons tous les deux que c'était l'une de ces nuits où tout s'est parfaitement réuni alors que nous **savourons** chaque bouchée de notre délicieux repas. Le goût était encore meilleur que l'odeur, qui était sacrément bonne ! Nous terminons notre repas assez rapidement car aucun de nous n'a particulièrement faim aujourd'hui, mais nous prenons notre temps en dégustant quelques **verres** de vin supplémentaires tout en discutant légèrement de tel ou tel sujet. Après le dîner, nous nettoyons rapidement ensemble et passons au salon, où nous passons un moment à **nous câliner** sur le canapé en regardant la télévision.

C'est tellement agréable d'être près l'un de l'autre après une longue journée de **travail** séparé. Je me sens satisfaite. Même si la soirée n'a pas été très animée, c'était agréable de passer du temps ensemble sans avoir à quitter la maison. Nous avons regardé un film et nous nous sommes couchés tôt, **satisfaits** de notre simple soirée.

Forståelse spørgsmål

1. Hvor kommer fortælleren fra?

2. Hvad laver fortælleren efter arbejde?

3. Hvad spiser fortælleren til aftensmad?

4. Hvorfor kan fortælleren lide køkkenet?

5. Hvilken slags ret laver parret?

6. Hvordan føler fortælleren sig ved slutningen af aftenen?

7. Hvad er parrets yndlingsbeskæftigelse?

8. Hvad gør parret, når de bliver trætte?

9. Hvor sover de?

10. Hvorfor kan fortælleren lide at blive hjemme?

Questions de compréhension

1. D'où vient le narrateur ?

2. Que fait le narrateur après le travail ?

3. Que mange le narrateur pour le dîner ?

4. Pourquoi le narrateur aime-t-il la cuisine ?

5. Quel genre de plat le couple cuisine-t-il ?

6. Que ressent le narrateur à la fin de la soirée ?

7. Quelle est l'activité préférée du couple ?

8. Que fait le couple quand il est fatigué ?

9. Où dorment-ils ?

10. Pourquoi le narrateur aime-t-il rester à la maison ?

På vej hjem

Det var en **fredelig** aften, da jeg gik hjem fra arbejde. Mens jeg gik, kunne jeg ikke lade være med at smile over minderne. Det føltes godt at være tilbage i mit gamle kvarter. Jeg vinkede til et par mennesker, jeg kendte, og de vinkede tilbage. Det var godt at være hjemme. Jeg gik forbi min gamle skole og **huskede** alle de gode stunder, jeg havde haft med mine venner. Vi gik altid hjem sammen og talte om vores dag. **Nogle gange** stoppede vi op og fik is eller gik i parken. Det var de bedste tider. Jeg savner den tid. Men nu har jeg min egen familie, og jeg er tilfreds med mit liv. Jeg er glad for, at jeg kan se tilbage på disse minder og smile. De er en del af mit liv, som jeg altid vil værdsætte. Det var den bedste tid. Jeg savner den tid. Men nu har jeg min egen familie, og jeg er tilfreds med mit liv. Jeg er glad for, at jeg kan se tilbage på disse **minder** og smile. De er en del af mit liv, som jeg altid vil værdsætte.

Jeg fortsætter med at gå og tænker på de gode stunder, jeg havde med mine venner. Jeg ved, at jeg snart vil se dem igen. Jeg går mod mit hjem og beslutter mig for at gå gennem en park i nærheden. Solen er ved at gå ned, og himlen er ved at få en **smuk** orange farve. Parken er tom, bortset fra et par fugle, der kvidrer i træerne. Jeg tager en dyb **indånding** og smiler. Mens

Walking Home

C'était une nuit **paisible** alors que je rentrais du travail. En marchant, je ne pouvais m'empêcher de sourire aux souvenirs. C'était bon d'être de retour dans mon ancien quartier. J'ai salué quelques personnes que je connaissais, et elles m'ont salué en retour. C'était bon d'être chez soi. Je suis passé devant mon ancienne école et je **me suis souvenu de** tous les bons moments que j'ai passés avec mes amis. On rentrait toujours ensemble à la maison et on parlait de notre journée. **Parfois,** on s'arrêtait pour acheter une glace ou aller au parc. C'était les meilleurs moments. Ces moments me manquent. Mais maintenant, j'ai ma propre famille et je suis heureuse de ma vie. Je suis heureux de pouvoir repenser à ces souvenirs et de sourire. Ils font partie de ma vie et je les chérirai toujours. C'était les meilleurs moments. Ils me manquent. Mais maintenant, j'ai ma propre famille et je suis heureux de ma vie. Je suis heureux de pouvoir repenser à ces **souvenirs** et de sourire. Ils font partie de ma vie et je les chérirai toujours.

Je continue à marcher, en pensant aux bons moments que j'ai passés avec mes amis. Je sais que je les reverrai bientôt. Je me dirige vers ma maison et décide de me promener dans un parc à proximité. Le soleil se

jeg går gennem parken, ser jeg et stjerneskud strejfe hen over himlen. Jeg ønsker mig noget på den stjerne og fortsætter min gåtur. Jeg tænker på min dag på arbejdet, og hvor **fredfyldt** den var. Jeg smiler for mig selv og tænker på, hvor heldig jeg er med at have så godt et job. Jeg går hjem og **mærker den** kølige natteluft på min hud. Jeg føler mig så levende og glad, fordi jeg bare nyder den simple handling at gå hjem på en fredelig aften. Jeg havde det så godt, at jeg begyndte at **fløjte**. Jeg gik forbi et par mennesker på gaden, men de passede alle sammen deres egne sager.

Jeg drejede om hjørnet ind på min gade og så min nabos kat, Mr. Whiskers, sidde på min veranda. Jeg sagde hej til ham, og han miavede tilbage. Jeg **låste** min dør **op** og gik ind. Jeg var så glad for at være hjemme. Jeg tog mine sko af og gjorde mig klar til at gå i seng. Jeg gik i seng den aften og følte mig glad og taknemmelig, mit hjerte var fuldt af kærlighed. Jeg sov trygt hele natten og bekymrede mig ikke om noget. Jeg vågnede fra en udhvilet søvn og blev **mødt af** solen, der skinnede ind gennem mit vindue.

couche et le ciel prend une **belle** couleur orange. Le parc est vide, à l'exception de quelques oiseaux qui gazouillent dans les arbres. Je prends une profonde **inspiration** et je souris. Alors que je marche dans le parc, je vois une étoile filante traverser le ciel. J'ai fait un vœu sur cette étoile et j'ai continué à marcher. Je pense à ma journée de travail et au **calme qui** y régnait. Je souris à moi-même, en pensant à la chance que j'ai d'avoir un si bon travail. Je rentre chez moi, en **sentant l'**air frais de la nuit sur ma peau. Je me sens si vivante et heureuse, profitant du simple fait de rentrer chez moi par une nuit paisible. Je me sentais si bien que j'ai commencé à **siffler**. Je suis passé devant quelques personnes dans la rue, mais elles s'occupaient toutes de leurs affaires.

J'ai tourné le coin de ma rue et j'ai vu le chat de mon voisin, M. Whiskers, assis sur mon porche. Je lui ai dit bonjour et il miaulait en retour. J'ai **déverrouillé** ma porte et je suis entrée. J'étais si heureuse d'être chez moi. J'ai enlevé mes chaussures et me suis préparée pour aller me coucher. Je me suis couchée ce soir-là, heureuse et reconnaissante, le cœur plein d'amour. J'ai dormi profondément toute la nuit, sans me soucier de rien. Je me suis réveillée d'un sommeil réparateur et j'ai été **accueillie** par le soleil qui brillait à travers ma fenêtre.

Forståelse spørgsmål

1. Hvad lavede hovedpersonen, da historien begyndte?

2. Hvad tænkte hovedpersonen på, da han gik hjem?

3. Hvad plejede hovedpersonen at lave med sine venner efter skoletid?

4. Hvad savner hovedpersonen fra den tid?

5. Hvad tænker hovedpersonen om sit nuværende liv?

6. Hvad gør hovedpersonen, når han ser et stjerneskud?

7. Hvordan har hovedpersonen det, når de går hjem?

8. Hvad gør hovedpersonen, når de kommer hjem?

9. Hvordan har hovedpersonen det, når han vågner op næste morgen?

10. Hvad gør hovedpersonen den næste dag?

Questions de compréhension

1. Que faisait le protagoniste au début de l'histoire ?

2. À quoi le protagoniste a-t-il pensé en rentrant chez lui ?

3. Qu'est-ce que le protagoniste avait l'habitude de faire avec ses amis après l'école ?

4. Qu'est-ce que le protagoniste regrette de cette époque ?

5. Que pense le protagoniste de sa vie actuelle ?

6. Que fait le protagoniste lorsqu'il voit une étoile filante ?

7. Que ressent le protagoniste lorsqu'il rentre à pied chez lui ?

8. Que fait le protagoniste lorsqu'il rentre chez lui ?

9. Que ressent le protagoniste lorsqu'il se réveille le lendemain matin ?

10. Que fait le protagoniste le lendemain ?

Slottet

Familien havde altid ønsket at besøge et gammelt slot i **Tyskland, og** endelig tog de af sted. De blev ikke **skuffede**. Slottet var smukt, og de nød at udforske de mange rum og gange. Det første, der slog dem, var lugten. De fandt **skimmelsvamp**, fugt og noget andet, som de ikke helt kunne sætte en finger på. Den anden ting var lyden. Stenvægge er tykke, men de dæmper ikke lyden helt. De hørte hvert eneste skridt, hvert eneste ord, der blev sagt med en normal stemme, og lejlighedsvis dryppede der vand **et sted i det** fjerne. Da deres øjne vænnede sig til det svage lys, så de massive stenvægge, der tårnede sig op omkring dem, og fra dem hang gobelinerne i **flossede** stykker. De stod i en enorm hal med et højt loft, der blev støttet af udskårne søjler. De var også vilde med udsigten fra tårnene, og børnene havde det sjovt at løbe rundt på området. **Solen** var begyndt at gå ned, da de var færdige med at udforske slottet, og de beklagede, at de ikke havde taget en **lommelygte** med. De besluttede sig for at gå tilbage til indgangen, men fandt hurtigt ud af, at de var faret vild. De vandrede rundt i det, der føltes som timer, indtil de endelig stødte på en dør, der førte ud. De fortsatte, indtil de **nåede** enden af gangen og kom til et imponerende sæt dobbeltdøre. De prøvede så meget de kunne, men dørene ville ikke røre sig. De rasler

Le château

La famille avait toujours voulu visiter un vieux château en **Allemagne**, et elle a finalement fait le voyage. Ils n'ont pas été **déçus**. Le château était magnifique, et ils ont pris plaisir à explorer ses nombreuses pièces et couloirs. La première chose qui les frappe est l'odeur. Ils ont trouvé de la **moisissure**, de l'humidité et quelque chose d'autre qu'ils n'ont pas réussi à identifier. La deuxième chose a été le son. Les murs de pierre sont épais, mais ils n'étouffent pas complètement le son. Ils ont entendu chaque pas, chaque mot prononcé d'une voix normale, et le goutte-à-goutte occasionnel de l'eau **quelque part** au loin. Lorsque leurs yeux se sont adaptés à la faible lumière, ils ont vu des murs de pierre massifs se dresser tout autour d'eux, des tapisseries en **lambeaux y étant** suspendues. Ils se tenaient dans un immense hall avec un haut plafond soutenu par des piliers sculptés. Ils ont également aimé les vues depuis les tourelles, et les enfants ont eu beaucoup de plaisir à courir dans le parc. Le **soleil** avait commencé à se coucher lorsqu'ils ont fini d'explorer le château, et ils ont regretté de ne pas avoir apporté de **lampe de poche**. Ils ont décidé de retourner à l'entrée, mais ils se sont vite perdus. Ils errent pendant des heures, jusqu'à ce qu'ils trouvent enfin une porte qui mène à l'extérieur. Ils ont continué jusqu'à ce qu'ils **atteignent le** bout du

ildevarslende, men bevæger sig ikke en tomme. Det så ud som om den, der har været her før, må være gået igennem her og have låst dem indefra. Til sidst finder de en vej ud. Lettelse skyllede over dem, da de trådte ud i den kølige natteluft.

Solen var begyndt at gå ned, og de **beklagede,** at de ikke havde taget en lommelygte med. De besluttede sig for at gå tilbage til indgangen, men fandt hurtigt ud af, at de var faret vild. De vandrede rundt i det, der føltes som timer, indtil de til sidst stødte på en dør, der førte **udenfor**. Lettethed skyllede over dem, da de trådte ud i den kølige natteluft. Næste aften sørgede de for at tage en lommelygte med sig, da de udforskede resten af slottet. De gik gennem **gården** og ned til floden, der løb bag **slottets** mure. Mens de gik rundt, begyndte de at høre mærkelige lyde. Det lød som om, at nogen fulgte efter dem. De satte farten op, men lydene blev højere og tættere. Familien løb tilbage til slottet så hurtigt de kunne, og de var lettede over at se, at skikkelsen i den **mørke** kappe ikke havde fulgt efter dem.

couloir et arrivent à une imposante série de doubles portes. Ils ont beau essayer, les portes ne bougent pas. Elles cliquettent **sinistrement** mais ne bougent pas d'un pouce. On dirait que celui qui était ici avant a dû passer par là et les verrouiller de l'intérieur. Finalement, ils ont trouvé un moyen de sortir. Le soulagement les envahit alors qu'ils sortent dans l'air frais de la nuit.

Le soleil avait commencé à se coucher, et ils **regrettaient de ne pas avoir** apporté de lampe de poche. Ils ont décidé de retourner à l'entrée, mais ils se sont vite perdus. Ils ont erré pendant ce qui leur a semblé être des heures, jusqu'à ce qu'ils trouvent enfin une porte qui menait à **l'extérieur**. Le soulagement les a envahis alors qu'ils sortaient dans l'air frais de la nuit. Le lendemain soir, ils ont pris soin d'emporter une lampe de poche pour explorer le reste du château. Ils ont traversé la **cour** et sont descendus jusqu'à la rivière qui coulait derrière les murs du **château**. Alors qu'ils se promenaient, ils ont commencé à entendre des bruits étranges. On aurait dit que quelqu'un les suivait. Ils accélèrent le pas, mais les bruits deviennent plus forts et plus proches. Les membres de la famille courent vers le château aussi vite qu'ils le peuvent, et ils sont soulagés de voir que la silhouette au manteau **sombre** ne les a pas suivis.

Forståelse spørgsmål

1. Hvad gjorde familien, da de farede vild på slottet?

2. Hvordan havde familien det, da de fandt ud af, at det bare var en lokal mand?

3. Hvad gjorde manden, som fik ham arresteret?

4. Hvad var straffen for manden?

5. Hvilken støj hørte familien, mens de gik?

6. Hvor var skikkelsen i den mørke kappe, da familien så ham?

7. Hvad gjorde familien, da de kom tilbage til deres værelse?

8. Hvornår gik familien på opdagelse på slottet igen?

9. Hvad var det, som familien ikke kunne sætte fingeren på?

Questions de compréhension

1. Qu'a fait la famille lorsqu'elle s'est perdue dans le château ?

2. Comment la famille s'est-elle sentie quand elle a découvert que c'était juste un homme du coin ?

3. Qu'a fait l'homme qui a été arrêté ?

4. Quelle a été la sentence pour cet homme ?

5. Quel bruit la famille a-t-elle entendu pendant qu'elle marchait ?

6. Où était le personnage au manteau sombre quand la famille l'a vu ?

7. Qu'a fait la famille en rentrant dans sa chambre ?

8. Quand la famille est-elle repartie explorer le château ?

9. Quelle était la chose sur laquelle la famille n'arrivait pas à mettre le doigt ?

Min have

Min have er mit lykkelige sted. Jeg går derud hver dag, uanset om det er regn eller solskin, og bruger tid på at passe mine planter. Jeg har lidt af **hvert - grøntsager**, frugt, blomster, urter. Jeg har endda et par høns, som hjælper med at holde skadedyrene på afstand. Jeg starter mine dage i haven med at samle æg fra hønsene. Derefter tjekker jeg mine grøntsager og sørger for, at de får nok vand og sol. Jeg luger bedene og fjerner alle insekter, der **angriber** planterne. Når **alt er ordnet,** læner jeg mig tilbage og nyder freden og stilheden i naturen.

Jeg har altid elsket at tilbringe tid i min have. Der er noget ved at være omgivet af naturen og al den **skønhed, som** den har at byde på. Jeg synes, at det er et meget fredeligt og beroligende sted. Jeg bruger ofte tid i min have på at slappe af og nyde landskabet. Jeg nyder også at arbejde i min have og dyrke ting. Jeg har en ret stor have, og jeg kan lide at dyrke mange **forskellige** ting i den. Jeg dyrker blomster, **grøntsager** og krydderurter. Jeg har også et par frugttræer, som producerer nogle lækre æbler, pærer og blommer. Ud over at dyrke ting nyder jeg også at bruge tid på bare at gå rundt i min have og **beundre** alle de forskellige planter og dyr, der bor her. Jeg har brugt mange timer

Mon jardin

Mon jardin est mon coin de paradis. J'y vais tous les jours, qu'il pleuve ou qu'il vente, et je passe du temps à m'occuper de mes plantes. J'ai un peu de **tout :** **légumes**, fruits, fleurs, herbes. J'ai même quelques poules qui m'aident à tenir les parasites à distance. Je commence mes journées dans le jardin en ramassant les œufs des poules. Puis je vérifie que mes légumes reçoivent suffisamment d'eau et de soleil. Je désherbe les plates-bandes et j'élimine les insectes qui pourraient **attaquer** les plantes. Une fois que **tout est** fait, je m'assois et je profite de la paix et du calme de la nature.

J'ai toujours aimé passer du temps dans mon jardin. Il y a quelque chose dans le fait d'être entouré par la nature et toute la **beauté qu**'elle a à offrir. Je trouve que c'est un endroit très paisible et apaisant. Je passe souvent du temps dans mon jardin à me détendre et à profiter du paysage. J'aime aussi travailler dans mon jardin et faire pousser des choses. J'ai un jardin d'assez bonne taille et j'aime y faire pousser toutes **sortes** de choses. Je fais pousser des fleurs, des **légumes** et des herbes aromatiques. J'ai aussi quelques arbres fruitiers qui produisent de délicieuses pommes, poires et prunes. En plus de faire pousser des choses, j'aime aussi passer du temps à me promener dans mon jardin,

i årenes løb på at gøre min **have til** et sted, der ikke kun er smukt, men også funktionelt. Jeg elsker at se fuglene flyve rundt og lytte til deres sang. Nogle gange tager jeg endda en bog frem og læser i haven, mens jeg er omgivet af al den skønhed, som jeg har skabt. **Havearbejde** er min passion, og det giver mig så meget glæde. Hver dag i min have er en god dag.

En af de ting, jeg elsker at lave mad, er at lave mad, så det er meget **vigtigt** for mig at have en velassorteret urtehave. Timian, basilikum, oregano, rosmarin, salvie og lavendel er blot nogle af de krydderurter, som jeg gerne dyrker i min have, så jeg kan bruge dem, når jeg laver mad til mig selv eller til **gæster**. En anden ting, der er vigtig for mig, når det gælder min have, er at sørge for, at der er masser af farver i hele haven. For at nå dette mål dyrker jeg en lang række forskellige blomster, herunder **roser**, liljer, tusindfryd, tulipaner, impatiens, morgenfruer osv. Ud over at tilføje farve med blomster kan jeg også godt lide at skabe interesse ved at bruge forskellige **teksturer i** haven. Jeg kan f.eks. plante bregner under tårnhøje solsikker eller hostaer **ved siden af** spidse prydgræsser. Uanset hvad der ellers sker i livet, **får** arbejdet i min have mig altid til at føle mig mere forbundet med naturen og i fred med mig selv.

à **admirer** toutes les plantes et tous les animaux qui y vivent. J'ai passé de nombreuses heures au fil des ans à faire de mon **jardin** un endroit non seulement beau mais aussi fonctionnel. J'aime regarder les oiseaux voltiger et les écouter chanter. Parfois, je sors même un livre et je lis dans le jardin, entourée de toute la beauté que j'ai créée. Le **jardinage** est ma passion et il m'apporte tant de joie. Chaque jour dans mon jardin est un bon jour.

L'une des choses que j'aime faire, c'est cuisiner. Il est donc très **important pour moi d'**avoir un jardin d'herbes aromatiques bien garni. Le thym, le basilic, l'origan, le romarin, la sauge et la lavande sont quelques-unes des herbes que j'aime faire pousser dans mon jardin pour pouvoir les utiliser lorsque je prépare des repas pour moi ou pour mes **invités**. Une autre chose qui est importante pour moi quand il s'agit de mon jardin, c'est de m'assurer qu'il y a beaucoup de couleurs dans tout le jardin. Pour atteindre cet objectif, je cultive une grande variété de fleurs, notamment des **roses**, des lys, des marguerites, des tulipes, des impatiens, des soucis, etc. En plus d'ajouter de la couleur avec les fleurs, j'aime aussi ajouter de l'intérêt en utilisant différentes **textures** dans le jardin. Par exemple, je peux planter des fougères sous des tournesols imposants ou des hostas à **côté de** graminées ornementales hérissées.

Forståelse spørgsmål

1. Hvor ligger forfatterens have?

2. Hvor mange høns har forfatteren?

3. Hvad laver forfatteren i haven hver dag?

4. Hvorfor kan forfatteren lide haven?

5. Hvilke urter planter forfatteren i haven?

6. Hvorfor er det vigtigt for forfatteren, at der er mange farver i hans have?

7. Hvordan skaber forfatteren variation i sin have?

8. Hvordan har forfatteren det, når han arbejder i sin have?

9. Hvad får forfatteren til at føle sig forbundet, når han er i sin have?

10. Hvorfor er hver dag i forfatterens have en god dag?

Questions de compréhension

1. Où se trouve le jardin de l'auteur ?

2. Combien de poulets l'auteur possède-t-il ?

3. Que fait l'auteur dans le jardin tous les jours ?

4. Pourquoi l'auteur aime-t-il le jardin ?

5. Quelles herbes l'auteur plante-t-il dans le jardin ?

6. Pourquoi est-il important pour l'auteur qu'il y ait beaucoup de couleurs dans son jardin ?

7. Comment l'auteur apporte-t-il de la variété à son jardin?

8. Que ressent l'auteur lorsqu'il travaille dans son jardin?

9. Qu'est-ce qui fait que l'auteur se sent connecté quand il est dans son jardin ?

10. Pourquoi chaque jour dans le jardin de l'auteur est-il un bon jour ?

På indkøb

Jeg elsker at **shoppe** i indkøbscentret. Det er altid så sjovt at gå rundt og kigge på alle de forskellige butikker. Der er noget for enhver smag i centeret, og det er altid et godt sted at finde tilbud på tøj, sko og tilbehør. Jeg **plejer at** starte min shoppingtur med at gå gennem **hovedindgangen til** centeret. Derfra går jeg først til mine yndlingsbutikker. Når jeg har kigget i disse butikker, går jeg rundt og ser, om der er udsalg andre steder. Jeg ender som regel med at bruge et par timer i centeret, før jeg endelig køber ind. Jeg kan altid godt lide at tage mig god tid, når jeg shopper, **fordi** jeg vil være sikker på, at jeg får **præcis** det, jeg ønsker. Desuden er det bare sjovere på den måde!

Jeg synes altid, det er så **fascinerende at** kigge på folk, når jeg er i indkøbscenteret. Man kan virkelig fortælle meget om en person ved at se på den måde, de handler på. Nogle mennesker er meget metodiske og tager sig god tid, mens andre bare tager **alt, hvad** de kan, og går til kassen så hurtigt som muligt. Der er også de shoppere, der virker mere interesserede i at tale i mobiltelefon eller skrive sms'er end i at se på varerne! Men uanset hvilken slags shopper du er, synes alle at nyde at shoppe i et vindue - også selv om du ikke køber noget. Der er bare noget ved at se på alle

Faire du shopping

J'adore aller **faire du shopping** au centre commercial. C'est toujours très amusant de se promener et de regarder tous les différents magasins. Il y en a pour tous les goûts au centre commercial et c'est toujours l'endroit idéal pour faire des affaires sur les vêtements, les chaussures et les accessoires. Je commence **généralement** mon shopping en passant par l'**entrée** principale du centre commercial. De là, je me dirige d'abord vers mes magasins préférés. Après avoir fait le tour de ces magasins, je me promène pour voir s'il y a des soldes dans d'autres endroits. Je finis généralement par passer quelques heures dans le centre commercial avant de faire mes achats. J'aime toujours prendre mon temps lorsque je fais du shopping, **car** je veux être sûre d'obtenir **exactement** ce que je veux. En plus, c'est plus amusant comme ça !

Je trouve toujours **fascinant** d'observer les gens quand je suis au centre commercial. On peut vraiment en apprendre beaucoup sur une personne par sa façon de faire ses courses. Certaines personnes sont très méthodiques et prennent leur temps, tandis que d'autres semblent prendre **tout ce qu'**elles peuvent et se diriger vers la caisse aussi vite que possible. Il y a aussi les acheteurs qui semblent plus intéressés

de smukke ting i **butiksvinduerne, som** gør mig glad.
Nogle gange fantaserer jeg om, hvordan det ville være,
hvis jeg havde råd til **alt det,** jeg ser! Alt i alt er en dag
i indkøbscenteret en af mine yndlingsbeskæftigelser.
Det er en fantastisk måde at slappe af og slappe af på,
samtidig med at man får en lille smule motion (hvis man
går nok rundt). Desuden er det **altid** rart at forkæle sig
selv med en ny skjorte eller et par nye sko i ny og næ!

Jeg havde haft en **lang** dag på arbejde og havde
endelig lidt tid for mig selv, så jeg besluttede mig for
at shoppe i centeret. Jeg havde brug for noget nyt
tøj til den **kommende** sæson. Så snart jeg gik ind,
så jeg alle de lyse lys og skinnende butiksfacader.
Jeg gik først hen til min yndlingsbutik og begyndte
at kigge i reolerne. Jeg fandt et par søde toppe og
prøvede dem på i omklædningsrummet. Mens jeg
så mig selv i spejlet, hørte jeg nogen komme ind i
omklædningsrummet ved siden af mit.

à parler au téléphone portable ou à envoyer des SMS qu'à regarder la marchandise ! Quel que soit le type d'acheteur, tout le monde semble apprécier le lèche-vitrine, même si vous n'achetez rien. Il y a quelque chose qui me rend heureuse dans le fait de regarder toutes ces jolies choses dans les **vitrines des magasins**. Parfois, je m'imagine comment ce serait si je pouvais m'offrir **tout ce que** je vois ! En fin de compte, passer une journée à faire du shopping au centre commercial est l'un de mes passe-temps favoris. C'est un excellent moyen de se détendre et de se relaxer tout en faisant un peu d'exercice (si vous marchez suffisamment). Et puis, c'est **toujours** agréable de s'offrir une nouvelle chemise ou une nouvelle paire de chaussures de temps en temps !

J'ai eu une **longue** journée de travail et j'ai enfin eu du temps pour moi, alors j'ai décidé d'aller faire du shopping au centre commercial. J'avais besoin de nouveaux vêtements pour la saison **à venir**. Dès que je suis entrée, j'ai vu toutes les lumières vives et les façades brillantes des magasins. Je me suis dirigée vers mon magasin préféré en premier et j'ai commencé à parcourir les rayons. J'ai trouvé quelques jolis hauts et les ai essayés dans la cabine d'essayage. Alors que je me regardais dans le miroir, j'ai entendu quelqu'un entrer dans la cabine d'**essayage** à côté de la mienne.

Forståelse spørgsmål

1. Hvor kan du bedst lide at opbevare dine varer?

2. Hvad er din yndlingsbutik i indkøbscenteret?

3. Hvor længe bliver du normalt i indkøbscenteret?

4. Hvad synes du om folk, der bruger meget tid i indkøbscenteret?

5. Hvad er din yndlingsaktivitet i indkøbscenteret?

6. Har du nogensinde købt noget i indkøbscentret, som du egentlig ikke havde brug for?

7. Hvordan reagerer du, når du ser noget i indkøbscentret, som du virkelig gerne vil have, men som er for dyrt?

8. Har du nogensinde set noget i indkøbscenteret og tænkt på, hvem der ville købe det?

9. Hvad mener du om folk, der har travlt med deres mobiltelefoner i indkøbscentret i stedet for at kigge i butikkerne?

Questions de compréhension

1. Où aimez-vous le plus stocker ?

2. Quel est votre magasin préféré dans le centre commercial ?

3. Combien de temps restez-vous habituellement au centre commercial ?

4. Que pensez-vous des personnes qui passent beaucoup de temps au centre commercial ?

5. Quelle est votre activité préférée au centre commercial ?

6. Avez-vous déjà acheté quelque chose au centre commercial alors que vous n'en aviez pas vraiment besoin ?

7. Comment réagissez-vous lorsque vous voyez au centre commercial un article que vous aimeriez vraiment, mais qui est trop cher ?

8. Avez-vous déjà vu quelque chose au centre commercial en vous demandant qui l'achèterait ?

9. Que pensez-vous des personnes qui sont occupées avec leur téléphone portable dans les centres commerciaux au lieu de regarder les magasins ?

På markedet

Jeg vågner tidligt lørdag morgen og er ivrig efter at komme til **markedet,** før det bliver for overfyldt. Jeg smider noget tøj på og går ud af døren og tager mine genbrugsposer med på vejen. Mens jeg går, begynder jeg at planlægge, hvad jeg vil lave til den kommende uge. Jeg ved, at jeg vil **stege** grøntsager mindst én gang, så jeg bliver nødt til at købe grøntsager af god kvalitet. Jeg vil også lave en suppe eller gryderet, så jeg skal også købe noget kød. Jeg må se, hvad der ser godt ud, når jeg kommer derhen. Markedet ligger kun et par gader væk, og jeg kan allerede se de opstillede boder og de mange **mennesker, der er på vej** rundt.

Jeg ankommer til markedet og går direkte til grøntsagsstanden. Udvalget er smukt, og jeg fylder mine poser med en række **friske** produkter. Jeg snakker lidt med landmanden, og han anbefaler mig nogle opskrifter. Jeg glæder mig til at afprøve dem. Jeg snakker med **landmændene,** mens jeg handler, og lærer dem og deres produkter at kende. Når jeg har fået alle de grøntsager, jeg har brug for, går jeg videre til kødafdelingen. Jeg er lidt mere tøvende her, da jeg ikke er sikker på, hvad jeg vil have. Jeg beslutter mig til sidst for kylling, fordi det er alsidigt og kan bruges i en række forskellige retter. Jeg køber også et par

Au marché

Je me réveille tôt le samedi matin, impatiente de me rendre au **marché** avant qu'il ne soit trop fréquenté. Je m'habille et je sors, en prenant mes sacs réutilisables en chemin. En marchant, je commence à planifier ce que je veux faire pour la semaine à venir. Je sais que je veux faire **rôtir des** légumes au moins une fois, donc je vais devoir acheter des légumes de bonne qualité. Je veux aussi faire une soupe ou un ragoût, et je vais donc devoir acheter de la viande. Je verrai bien ce qui me semble bon quand je serai sur place. Le marché n'est qu'à quelques rues d'ici, et je vois déjà les étals installés et les **gens qui** s'agitent.

J'arrive au marché et me dirige directement vers le stand des légumes. La sélection est magnifique, et je remplis mes sacs d'une variété de produits **frais**. Je discute un peu avec le fermier et il me recommande quelques recettes. J'ai hâte de les essayer. Je discute avec les **agriculteurs** pendant que je fais mes courses, pour apprendre à les connaître et à connaître leurs produits. Après avoir acheté tous les légumes dont j'ai besoin, je passe à la section des viandes. Je suis un peu plus hésitante, car je ne suis pas sûre de ce que je veux acheter. J'opte finalement pour du poulet, car il est polyvalent et peut être utilisé dans de nombreux plats. J'achète également quelques morceaux de

forskellige udskæringer af kød og sørger for at få græsfodret oksekød og fritgående **kylling**. Slagteren var en venlig mand, der altid var glad på trods af de lange arbejdstider. Han pakkede mine kyllingebryster og bøffer ind, inden han snakkede med mig om sine planer for weekenden. Jeg sagde farvel til ham og fortsatte min vej. Jeg købte også nogle æg og ost i mejeriafdelingen.

Markedet var fyldt med mennesker, som alle var ivrige efter at få **fingrene i** de friske råvarer og det kød, der blev tilbudt. Luften var tyk af duft af hvidløg og løg, og lyden af latter og samtaler fyldte luften. Jeg banede mig vej gennem mængden og valgte de andre varer, jeg skulle bruge til min ugentlige indkøb. Jeg fyldte min **kurv** med frugt og grøntsager, pasta og brød, inden jeg gik til kassen. Køen var lang, men den gik hurtigt. Endelig var de sidste **varer** købt ind, og det var tid til at tage hjem. Bilen blev læsset, og køreturen hjem var lang og kedelig. Trafikken var tæt, og varmen var trykkende. Endelig kørte bilen ind i indkørslen, og lettelsen var mærkbar. Huset var køligt og roligt, og det var et fristed efter markedets trav**lhed** og travlhed. Alt blev pakket væk, og huset var snart tilbage til den sædvanlige ro og fred. Jeg havde alt, hvad jeg havde brug for til at lave nogle **lækre** måltider til mig selv og min familie. Det var godt at være hjemme.

viande différents, en veillant à prendre du bœuf nourri à l'herbe et du **poulet** élevé en plein air. Le boucher est un homme sympathique, toujours de bonne humeur malgré ses longues heures de travail. Il a emballé mes blancs de poulet et mon steak avant de me parler de ses projets pour le week-end. Je lui ai dit au revoir et j'ai continué mon chemin. J'ai également acheté des œufs et du fromage au rayon produits laitiers.

Le marché grouille de gens, tous impatients de mettre la **main sur les** produits frais et la viande proposés. L'odeur de l'ail et des oignons flottait dans l'air, et le son des rires et des conversations était omniprésent. Je me suis frayé un chemin dans la foule, en choisissant les autres articles dont j'avais besoin pour mes courses de la semaine. J'ai rempli mon **panier** de fruits et légumes, de pâtes et de pain, avant de me diriger vers la caisse. La file d'attente est longue, mais elle avance rapidement. Enfin, j'ai acheté les dernières **provisions et il est** temps de rentrer à la maison. La voiture est chargée, et le chemin du retour est long et fastidieux. La circulation est dense et la chaleur est accablante. Enfin, la voiture se gare dans l'allée et le soulagement est palpable. La maison était fraîche et calme, et c'était un havre de paix après l'**agitation** du marché. Tout a été rangé, et la maison a rapidement retrouvé sa tranquillité habituelle. J'avais tout ce dont j'avais besoin pour préparer de **délicieux** repas pour moi et pour ma famille. C'était bon d'être chez soi.

Forståelse spørgsmål

1. Hvor skal personen hen?

2. Hvad ønsker personen at købe?

3. Hvor mange tasker har personen?

4. Hvor langt væk er markedet?

5. Hvad laver personen lige nu?

6. Hvad er alt på markedet?

7. Hvor mange mennesker er der på markedet?

8. Hvor lang tid tog det personen at købe det hele?

9. Hvordan tog personen hjem?

10. Hvad gjorde personen, da han eller hun kom hjem?

Questions de compréhension

1. Où va la personne ?

2. Que veut acheter la personne ?

3. Combien de sacs la personne possède-t-elle ?

4. A quelle distance se trouve le marché ?

5. Que fait la personne en ce moment ?

6. Que se passe-t-il sur le marché ?

7. Combien y a-t-il de personnes sur le marché ?

8. Combien de temps a-t-il fallu à la personne pour tout acheter ?

9. Comment la personne est-elle rentrée chez elle ?

10. Qu'a fait la personne en rentrant chez elle ?

På en café

Det var en kølig efterårsmorgen, og jeg havde aftalt at mødes med min veninde Lily på vores yndlingscafé for at drikke en kop kaffe. Jeg pakkede mig varmt ind i min frakke og mit tørklæde og tog af sted. Bladene var ved at falde af træerne, og luften havde et lille nip i sig, men solen skinnede, og det lovede at blive en smuk dag. Mens jeg gik, **tænkte** jeg på, hvor godt det var at have en veninde som Lily. Vi havde været venner i årevis, lige siden vi mødtes på **universitetet**. Vi var blevet knyttet sammen over vores kærlighed til kaffe og til at snakke på caféer. Selv om vi nu boede i forskellige dele af byen, lykkedes det os stadig at mødes til kaffe en gang om ugen. Jeg ankom til caféen, og Lily var der allerede og ventede på mig. Vi hilste på hinanden og bestilte derefter vores kaffe. Vi fandt et bord ved vinduet og satte os ned for at snakke. **Kaffen** var som altid lækker, og det var så dejligt at snakke med Lily. Vi talte om vores uge, vores job og vores planer for fremtiden. Det var altid så let at tale med Lily, og jeg følte, at jeg kunne fortælle hende alt. Efter et stykke tid begyndte vi at blive sultne og **besluttede os for** at bestille noget mad.

Vi **bestilte** vores mad og fandt en plads ved vinduet. Solen skinnede ind gennem vinduet og fik alt til at føles

Dans un café

C'était un matin d'**automne** frisquet, et j'avais donné rendez-vous à mon amie Lily dans notre café préféré pour prendre un café. Je me suis enveloppée chaudement dans mon manteau et mon écharpe et je suis partie. Les feuilles tombaient des arbres et l'air était glacial, mais le soleil brillait et la journée promettait d'être magnifique. Tout en marchant, j'ai **pensé** à quel point c'était bien d'avoir une amie comme Lily. Nous étions amies depuis des années, depuis notre rencontre à l'**université**. Nous nous sommes liées par notre amour du café et du temps passé à discuter dans les cafés. Même si nous vivions dans des quartiers différents de la ville, nous nous retrouvions pour prendre un café une fois par semaine. Je suis arrivé au café, et Lily était déjà là, à m'attendre. Nous nous sommes embrassées et avons commandé nos cafés. Nous avons trouvé une table près de la fenêtre et nous nous sommes installées pour discuter. Le **café** était délicieux, comme toujours, et c'était si agréable de rattraper le temps perdu avec Lily. Nous avons parlé de notre semaine, de nos emplois et de nos projets pour l'avenir. C'était toujours si facile de parler à Lily, et j'avais l'impression que je pouvais tout lui dire. Après un moment, nous avons commencé à avoir faim et **avons décidé** de commander de la nourriture.

varmt og lykkeligt. Vi sludrede, mens vi spiste vores mad og nød den simple glæde ved at være i hinandens **selskab**. Der var travlt på caféen, men det føltes ikke overfyldt. Der var en følelse af fred og tilfredshed i luften. Da vi var færdige med vores mad, sad vi et stykke tid endnu og nød den fredelige **atmosfære**. Vi talte i et stykke tid om forskellige ting, der var sket i vores liv. Det var så dejligt at snakke med min veninde og bare **slappe af**. Solen skinnede gennem vinduet, og det føltes som om **intet** kunne ødelægge vores perfekte dag.

Pludselig hørte jeg et højt brag. Jeg vendte mig om og så, at en mand var faldet gennem loftet og lå på gulvet foran os. Han var **dækket af** støv og vragrester og så ud til at være bevidstløs. Min ven og jeg var begge i chok, mens vi stirrede på manden, der lå på gulvet. Vi vidste ikke, hvad vi skulle gøre, eller hvem vi skulle ringe efter hjælp. Vi sad bare der og stirrede på ham, uden at vide, hvad vi skulle gøre. Efter et par minutter kom jeg ud af mig selv og ringede 112. Operatøren fortalte mig, at der snart ville være nogen på stedet. Jeg lagde røret på og fortalte min veninde, hvad **telefonisten** havde sagt.

Nous avons **commandé notre** nourriture et trouvé un siège près de la fenêtre. Le soleil brillait à travers la fenêtre, rendant le tout chaleureux et joyeux. Nous avons bavardé en mangeant, appréciant le simple plaisir d'être en **compagnie de l'autre**. Le café était occupé, mais il n'y avait pas de foule. Il y avait un sentiment de paix et de satisfaction dans l'air. Après avoir terminé notre repas, nous sommes restés assis un moment de plus, profitant de l'**atmosphère** paisible. Nous avons parlé pendant un moment de différentes choses qui avaient eu lieu dans nos vies. C'était si agréable de rattraper le temps perdu avec mon ami et de **se détendre**. Le soleil brillait à travers la fenêtre, et c'était comme si **rien ne** pouvait gâcher notre journée parfaite.

Soudain, j'ai entendu un grand fracas. Je me suis retourné pour voir qu'un homme avait traversé le plafond et gisait sur le sol devant nous. Il était **couvert** de poussière et de débris et semblait être inconscient. Mon ami et moi étions tous deux sous le choc en regardant l'homme allongé sur le sol. Nous ne savions pas quoi faire ni qui appeler à l'aide. Nous sommes restés assis là, à le regarder, sans savoir quoi faire. Après quelques minutes, je me suis ressaisie et j'ai appelé le 911. L'opérateur m'a dit que quelqu'un arriverait bientôt. J'ai raccroché le téléphone et j'ai raconté à mon ami ce que l'**opérateur avait** dit.

Forståelse spørgsmål

1. Hvor kommer manden, der falder gennem taget, fra?

2. Hvorfor er kvinden sammen med sin veninde på caféen?

3. Hvad er de to venners yndlingscafé?

4. Hvor længe har de to venner kendt hinanden?

5. Hvad er de to venners yndlingsdrink?

6. I hvilken by bor de to venner?

7. Hvor ofte mødes de to venner?

8. Hvad taler de to venner om, da de mødes første gang på deres yndlingscafé?

9. Hvad er de to venners yndlingsmad?

10. Hvorfor er det så nemt at tale med Lily?

Questions de compréhension

1. D'où vient l'homme qui tombe à travers le toit ?

2. Pourquoi la femme est-elle avec son ami dans le café ?

3. Quel est le café préféré des deux amis ?

4. Depuis combien de temps les deux amis se connaissent-ils ?

5. Quelle est la boisson préférée des deux amis ?

6. Dans quelle ville vivent les deux amis ?

7. Combien de fois les deux amis se rencontrent-ils ?

8. De quoi parlent les deux amis lorsqu'ils se rencontrent pour la première fois dans leur café préféré ?

9. Quel est le plat préféré des deux amis ?

10. Pourquoi c'est si facile de parler à Lily ?

Svømning

Poolen var altid et **forfriskende** sted at være, og i dag var det ikke anderledes. Solen skinnede, og vandet så indbydende ud. Jeg tog en dyb indånding og dykkede i vandet og følte vandets kølige favntag. Jeg svømmede omgange i et stykke tid og nød motionen og chancen for at få renset mit hoved. Efter et stykke tid kom jeg ud og tørrede mig, hvorefter jeg satte mig på et håndklæde for at slappe af i solen. Jeg lukkede øjnene og lod **varmen** skyllede ind over mig og mærkede, hvordan mine muskler begyndte at slappe af. Pludselig hørte jeg et plask og åbnede øjnene for at se min lillesøster **padle** rundt i den lave ende. Jeg smilede og betragtede hende et stykke tid, så rejste jeg mig op og gik hen til hende. Vi sludrede lidt og padlede rundt sammen og nød hinandens selskab. Snart sluttede vores forældre sig til os, og vi tilbragte resten af eftermiddagen med at svømme og spille spil sammen. Det var altid så dejligt at tilbringe tid med familien i poolen. Der er **noget** ved at være i vandet, der bare synes at bringe folk sammen. Måske er det fordi vi alle er lige, når vi er i vandet - vi kan ikke skjule vores fejl eller lade som om, vi er noget, vi ikke er. Eller måske er det bare fordi det er sjovt! **Uanset hvad** grunden er, var jeg bare glad for, at vi alle kunne mødes og nyde hinandens selskab på et så specielt sted.

Aller nager

La piscine était toujours un endroit **rafraîchissant**, et aujourd'hui n'était pas différent. Le soleil brillait et l'eau semblait invitante. J'ai pris une profonde inspiration et j'ai plongé, sentant l'étreinte fraîche de l'eau. J'ai fait des longueurs pendant un moment, appréciant l'exercice et la possibilité de me vider la tête. Au bout d'un moment, je suis sorti et me suis séché, puis je me suis assis sur une serviette pour me détendre au soleil. J'ai fermé les yeux et laissé la **chaleur** m'envahir, sentant mes muscles se détendre. Soudain, j'ai entendu une éclaboussure et j'ai ouvert les yeux pour voir ma petite sœur **pagayer dans la** partie peu profonde. J'ai souri et je l'ai regardée pendant un moment, puis je me suis levée et je suis allée vers elle. Nous avons bavardé un peu et pataugé ensemble, appréciant la compagnie de l'autre. Nos parents nous ont bientôt rejoints et nous avons passé le reste de l'après-midi à nager et à jouer ensemble. C'était toujours très agréable de passer du temps avec la famille à la piscine. Il y a **quelque chose** dans le fait d'être dans l'eau qui semble rassembler les gens. Peut-être est-ce parce que nous sommes tous égaux lorsque nous sommes dans l'eau - nous ne pouvons pas cacher nos défauts ou prétendre être ce que nous ne sommes pas. Ou peut-être est-ce simplement parce que c'est amusant ! **Quelle que soit la** raison, j'étais simplement heureuse que nous

Solen stod ned på min hud, og luften lugtede af klorin. Jeg kunne høre lyden af børn, der grinede og plaskede rundt i poolen. Jeg lå på en liggestol ved siden af poolen og nød solen og **nød** dagen. Jeg havde lukket øjnene og var lige ved at falde i søvn, da jeg hørte nogen komme hen til mig. Jeg åbnede mine øjne og så en kvinde stå ved siden af mig. Hun var iført en bikini og havde et håndklæde viklet rundt om livet. Hun havde langt blondt hår og blå øjne. Hun holdt en flaske **solcreme i** hånden. "Har du noget imod, at jeg smører noget solcreme på din ryg?" spurgte hun. "Nej, det er helt fint," sagde jeg og satte mig op, så hun kunne nå min ryg. Jeg mærkede hendes hænder på min hud, da hun påførte solcremen.

puissions tous nous réunir et profiter de la compagnie des autres dans un endroit aussi spécial.

Le soleil tapait sur ma peau et l'odeur du chlore flottait dans l'air. J'entendais le bruit des enfants qui riaient et barbotaient dans la piscine. J'étais allongée sur une chaise **longue près de la** piscine, profitant du soleil et **de la** journée. J'avais les yeux fermés et j'étais sur le point de m'endormir lorsque j'ai entendu quelqu'un s'approcher de moi. J'ai ouvert les yeux et j'ai vu une femme debout à côté de moi. Elle portait un bikini et avait une serviette enroulée autour de sa taille. Elle avait de longs cheveux blonds et des yeux bleus. Elle tenait une bouteille de **crème solaire** dans sa main. "Ça te dérange si je mets de la crème solaire sur ton dos ?" a-t-elle demandé. "Non, ça va", ai-je répondu, en me redressant pour qu'elle puisse atteindre mon dos. J'ai senti ses mains sur ma peau alors qu'elle appliquait la crème solaire.

Forståelse spørgsmål

1. Hvor befandt fortælleren sig, da han begyndte historien?

2. Hvad lugter fortælleren, når han åbner øjnene?

3. Hvad hører fortælleren, da han åbner øjnene?

4. Hvis solcreme giver kvinden fortælleren?

5. Hvad drømmer fortælleren om?

6. Hvorfor er det så specielt for fortælleren at svømme i havet?

7.Hvordan føles det vand, som fortælleren svømmer i?

8. Hvad ser fortælleren, da han kommer op af vandet?

9. Hvad gør kvinden, efter at hun har smurt fortælleren med solcreme?

10. Hvad taler fortælleren og kvinden om i slutningen af historien?

Questions de compréhension

1. Où se trouvait le narrateur lorsqu'il a commencé l'histoire ?

2. Que sent le narrateur lorsqu'il ouvre les yeux ?

3. Qu'entend le narrateur lorsqu'il ouvre les yeux ?

4. A qui la femme donne-t-elle de la crème solaire au narrateur ?

5. De quoi le narrateur rêve-t-il ?

6. Pourquoi la baignade dans la mer est-elle si spéciale pour le narrateur ?

7. quelle est la sensation de l'eau dans laquelle nage le narrateur ?

8. Que voit le narrateur quand il sort de l'eau ?

9. Que fait la femme après avoir mis la crème solaire sur le narrateur ?

10. De quoi le narrateur et la femme parlent-ils à la fin de l'histoire ?

Slåning af græsplænen

Klokken er 10 om morgenen en **lørdag om** sommeren, og solen skinner allerede ubarmhjertigt ned. Du går ud i garagen for at hente plæneklipperen og føler, at du er **dømt** til hårdt arbejde. Du begynder at slå græsplænen og sørger for at køre stille og roligt, så du ikke overser nogen steder. Mens du slår græsplænen, tænker du på, hvor godt det føles at være udenfor i den friske luft. Da du begynder at skubbe plæneklipperen frem og tilbage over plænen, ser du din nabo i **øjenkrogen**. Du vinker og siger hej, og han vinker tilbage.

Efter et par minutter er du færdig, og du går over til din nabo for at drikke en øl med ham i forhaven. Det er en **perfekt** dag - ikke for varmt, og der blæser en let brise. Du sidder i træets skygge og drikker din øl og snakker med din nabo. Det er dage som disse, der får dig til at sætte pris på sommeren. Så **går** man indenfor og får sig en velfortjent øl. Du falder ned i en stol på verandaen og åbner dåsen og udstøder et tilfreds suk. Lyden af plæneklipperen forsvinder i baggrunden, mens du slapper af i skyggen og nyder øjeblikkets **fred.** Øllen smager ekstra godt efter alt det hårde arbejde i varmen. Jeg var ved at gå indenfor, da jeg hørte en lyd ved

Tonte de la pelouse

Il est 10 heures du matin, un **samedi d'**été, et le soleil tape déjà sans pitié. Vous vous frayez un chemin jusqu'au garage pour aller chercher la tondeuse à gazon, avec l'impression d'être **condamné** aux travaux forcés. Vous commencez à tondre la pelouse, en veillant à aller doucement pour ne pas manquer d'endroits. Pendant que vous tondez, vous pensez à tout le bien que cela fait d'être dehors à l'air frais. Alors que vous commencez à pousser la tondeuse d'avant en arrière sur la pelouse, vous apercevez votre voisin du coin de l'**œil**. Vous lui faites signe et lui dites bonjour, et il vous répond.

Après quelques minutes, vous avez terminé, et vous vous rendez chez votre voisin pour prendre une bière avec lui dans le jardin de devant. C'est une journée **parfaite**, il ne fait pas trop chaud et une légère brise souffle. Vous êtes assis à l'ombre de l'arbre, sirotant votre bière et discutant avec votre voisin. Ce sont des jours comme celui-ci qui vous font apprécier l'été. Puis vous rentrez à l'intérieur pour prendre une bière bien méritée. Vous vous installez sur une chaise sous le porche et ouvrez la canette, en poussant un soupir de satisfaction. Le bruit de la tondeuse s'estompe et vous

siden af.

Det **lød,** som om nogen græd. Jeg stoppede med at slå græs og gik hen til hegnet, der adskilte vores haver. Jeg kiggede over og så min nabo, Mrs. Johnson, grædende på sin gynge på verandaen. Jeg råbte til hende, men hun hørte mig ikke. Jeg klatrede over hegnet og gik hen til hende. "Mrs. Johnson, er du okay?" spurgte jeg. Hun kiggede op på mig med tårer i øjnene og rystede på hovedet. "Nej, jeg er ikke okay," sagde hun. "Min kat døde i går." Jeg var chokeret. Jeg vidste ikke, hvad jeg skulle sige. Jeg stod bare akavet der og vidste ikke, hvad jeg skulle gøre. Til sidst lagde jeg min hånd på hendes **skulder** og sagde: "Det er jeg ked af, fru Johnson. Hvis der er noget, jeg kan gøre for at hjælpe, så sig til. " Hun rystede på hovedet og sagde: "Nej, der er **ikke noget,** nogen kan gøre." Så rejste hun sig op og gik ind i sit hus. Jeg stod der et øjeblik og vidste ikke, hvad jeg skulle gøre. Så gik jeg tilbage til at slå min græsplæne. Da jeg blev færdig, kunne jeg ikke lade være med at tænke på fru Johnson og hendes kat.

vous détendez à l'ombre, profitant de la **tranquillité du** moment. La bière a un goût extra bon après tout ce dur travail dans la chaleur. J'étais sur le point de rentrer quand j'ai entendu un bruit à côté.

On aurait dit que quelqu'un pleurait. J'ai arrêté de tondre et j'ai marché jusqu'à la clôture qui séparait nos jardins. J'ai jeté un coup d'œil par-dessus et j'ai vu ma voisine, Mme Johnson, pleurer sur sa balançoire sous le porche. Je l'ai appelée, mais elle ne m'a pas entendue. J'ai escaladé la clôture et j'ai marché jusqu'à elle. "Mme Johnson, vous allez bien ?" J'ai demandé. Elle a levé les yeux vers moi, les larmes aux yeux, et a secoué la tête. "Non, je ne vais pas bien", a-t-elle dit. "Mon chat est mort hier." J'étais choquée. Je n'ai pas su quoi dire. Je suis restée là, maladroitement, sans savoir quoi faire. Finalement, j'ai posé ma main sur son **épaule** et j'ai dit : "Je suis vraiment désolée, Mme Johnson. Si je peux faire quelque chose pour vous aider, faites-le moi savoir". "Elle a secoué la tête et a dit : "Non, il **n'y a rien que** personne ne puisse faire". Puis elle s'est levée et est entrée dans sa maison. Je suis resté là un moment, ne sachant pas quoi faire. Puis je suis retourné tondre ma pelouse. En terminant, je n'ai pu m'empêcher de penser à Mme Johnson et à son chat.

Forståelse spørgsmål

1. Hvad er klokken?

2. Hvor er den person, der slår græs?

3. Hvordan har personen det?

4. Hvorfor skal personen klippe langsomt?

5. Hvilken slags vejr er det?

6. Hvad laver personen efter græsslåningen?

7. Hvad hører personen, før han går hjem?

8. Hvem er sammen med fru Johnson?

9. Hvorfor græder fru Johnson?

10. Hvad siger personen til fru Johnson?

Questions de compréhension

1. Quelle heure est-il ?

2. Où se trouve la personne qui tond ?

3. Comment la personne se sent-elle ?

4. Pourquoi la personne doit-elle tondre lentement ?

5. Quel est le temps qu'il fait ?

6. Que fait la personne après avoir fauché ?

7. Qu'entend la personne avant de rentrer chez elle ?

8. Qui est avec Mme Johnson ?

9. Pourquoi Mme Johnson pleure-t-elle ?

10. Que dit la personne à Mme Johnson ?

Få en klipning

Jeg havde i ugevis haft lyst til at blive klippet, men på en eller anden måde havde jeg altid udskudt det. Men da **julen stod for** døren, vidste jeg, at jeg ikke kunne udsætte det længere. Jeg ville ikke møde op til familiens julemiddag og ligne et sjusket rod. Så tidligt julemorgen tog jeg til salonen. Selv om det var tidligt, var salonen allerede optaget af andre mennesker, der **fik** ordnet deres hår i anledning af julen. Jeg satte mig i køen og ventede på min tur. Endelig var det min tur til at sætte mig i stolen. Stylisten, en venlig kvinde ved navn Jill, spurgte mig, hvad jeg ville have. "Bare en trimning, ikke noget drastisk," svarede jeg. Jill gik i gang og klippede mit hår. Mens hun arbejdede, begyndte jeg at slappe af. Det føltes godt at jeg endelig tog mig af mig selv. Jeg havde haft så travlt på det seneste med at løbe rundt og tage mig af alle andre, at jeg havde ladet mine egne behov gå i glemmebogen. Men ikke **længere**. Fra nu af ville jeg tage mig tid til mig selv.

Da Jill var færdig, kiggede jeg mig i spejlet og var tilfreds med det, jeg så. Mit hår så pænt og poleret ud - perfekt til feriesamtaler. Jeg **takkede** Jill og skrev en **mental** note om at komme tilbage oftere. Fra nu af vil jeg først og fremmest tage mig af mig selv. Hun

Se faire couper les cheveux

Cela faisait des semaines que je voulais me faire couper les cheveux, mais j'arrivais toujours à remettre ça à plus tard. Mais à l'approche de **Noël, je** savais que je ne pouvais plus attendre. Je ne voulais pas me présenter au dîner de Noël de ma famille avec une coiffure débraillée. Alors, tôt le matin de Noël, je me suis rendue au salon. Même s'il était tôt, le salon était déjà occupé par d'autres personnes qui **se faisaient** coiffer pour les fêtes. J'ai pris ma place dans la file d'attente et j'ai attendu mon tour. Enfin, c'était mon tour sur la chaise. La styliste, une femme sympathique nommée Jill, m'a demandé ce que je voulais. "Juste une coupe, rien de trop radical", ai-je répondu. Jill s'est mise au travail, coupant mes cheveux. Pendant qu'elle travaillait, j'ai commencé à me détendre. C'était bon de prendre enfin soin de moi. J'avais été tellement occupé ces derniers temps, à courir partout pour m'occuper de tout le monde, que j'avais laissé mes propres besoins de côté. Mais plus **maintenant**. A partir de maintenant, j'allais prendre du temps pour moi.

Lorsque Jill a terminé, je me suis regardée dans le miroir et j'étais ravie de ce que je voyais. Mes cheveux étaient soignés et polis, parfaits pour les fêtes de fin d'année. J'ai **remercié** Jill et j'ai noté **mentalement** de

gik i gang med at klippe mit hår. Jeg tænkte på, hvor taknemmelig jeg var for, at jeg endelig havde fået tid til at blive klippet. Det føltes godt at vide, at jeg ville se præsentabel ud til **julemiddagen**. Jeg ville ikke længere skulle bekymre mig om, at min familie ville drille mig med mit "sjuskede" udseende. Efter et par minutter var stylisten færdig med at klippe mit hår og gav mig en hurtig føntørring. Jeg kiggede mig i spejlet og var tilfreds med det, jeg så - et rent og pænt look, som ville være perfekt til julemiddagen. Nu hvor min klipning var overstået, kunne jeg koncentrere mig om at nyde ferien med min familie. Og det var jeg endnu mere taknemmelig for.

Det føltes så **befriende,** og jeg elskede den måde, min nye frisure så ud på. Da jeg havde betalt for min klipning, tog jeg hjem og begyndte at pakke til min rejse. Jeg **kunne ikke** vente med at vise mit nye look frem til min familie og venner. Jeg vidste, at de ville blive overraskede, når de så mig. På dagen for min flyrejse ankom jeg til lufthavnen med god tid til overs. Jeg gik igennem sikkerhedskontrollen uden problemer, og snart var jeg på vej. Så snart jeg ankom til min destination, kunne jeg mærke spændingen i luften. Julen var helt sikkert i luften! Min familie var der for at hilse på mig i lufthavnen, og de var alle forundrede over min nye frisure.

revenir plus souvent. À partir de maintenant, je prendrai soin de moi d'abord et avant tout. Elle s'est mise au travail en coupant mes cheveux. J'ai pensé à combien j'étais reconnaissante d'avoir enfin pris le temps de me faire couper les cheveux. Je me sentais bien de savoir que j'allais être présentable pour le **repas de** Noël. Je n'aurais plus à m'inquiéter des taquineries de ma famille sur mon apparence "débraillée". Après quelques minutes, le coiffeur a fini de me couper les cheveux et m'a fait un rapide brushing. Je me suis regardé dans le miroir et j'étais heureux de ce que je voyais - un look propre qui serait parfait pour le dîner de Noël. Maintenant que ma coupe de cheveux était terminée, je pouvais me concentrer sur les vacances avec ma famille. Et j'en étais encore plus reconnaissante.

Je me suis sentie tellement **libérée** et j'ai adoré le look de ma nouvelle coupe de cheveux. Après avoir payé ma coupe, je suis rentrée chez moi et j'ai commencé à faire mes bagages pour mon voyage. J'**avais hâte** de montrer mon nouveau look à ma famille et à mes amis. Je savais qu'ils seraient surpris en me voyant. Le jour de mon vol, je suis arrivée à l'aéroport avec beaucoup de temps devant moi. J'ai passé le contrôle de sécurité sans problème et j'ai rapidement pris la route. Dès que je suis arrivé à destination, j'ai senti l'excitation dans l'air. Il y avait vraiment de l'air pour Noël ! Ma famille était là pour m'accueillir à l'aéroport, et ils étaient tous étonnés de ma nouvelle coupe de cheveux.

Forståelse spørgsmål

1. Hvad skulle hovedpersonen gøre inden jul?

2. Hvordan havde hovedpersonen det med at tage sig af sig selv?

3. Hvem klippede hovedpersonens hår?

4. Hvorfor ville hovedpersonens familie drille hende?

5. Hvordan følte hovedpersonen sig efter at have fået klippet sit hår?

6. Hvad gjorde hovedpersonen efter at have fået klippet sit hår?

7. Hvad var hovedpersonens families reaktion på hendes klipning?

8. Hvad lavede hovedpersonen juleaften?

9. Hvad gjorde hovedpersonens oplevelse mere speciel?

10. Hvad ville der ske, hvis hovedpersonen ikke blev klippet?

Questions de compréhension

1. Que devait faire le protagoniste avant Noël ?

2. Que pense la protagoniste du fait de prendre soin d'elle ?

3. Qui a taillé les cheveux du protagoniste ?

4. Pourquoi la famille de la protagoniste allait-elle se moquer d'elle ?

5. Qu'a ressenti la protagoniste après s'être fait couper les cheveux ?

6. Qu'a fait la protagoniste après s'être fait couper les cheveux ?

7. Quelle a été la réaction de la famille de la protagoniste à sa coupe de cheveux ?

8. Qu'a fait le protagoniste la veille de Noël ?

9. Qu'est-ce qui a rendu l'expérience du protagoniste plus spéciale ?

10. Que se passerait-il si le protagoniste ne se faisait pas couper les cheveux ?

Parken

Solen var ved at gå ned, og parken var tom. Jeg sad på bænken og ventede på min **ven**. Vi havde planlagt at mødes her for en time siden, men hun kom altid for sent. Lige da jeg var ved at give op og gå hjem, så jeg hende løbe hen imod mig.

"Jeg er så ked af det," gispede hun, da hun nåede frem til bænken. "Mit tog blev **forsinket**."

"Det er i orden," sagde jeg **tilgivende**. "Jeg er selv lige kommet."

Vi satte os ned og snakkede lidt og fik snakket lidt om hinandens liv, siden vi sidst mødtes. Samtalen flød **let,** og det føltes, som om der slet ikke var gået nogen tid, siden vi sidst så hinanden. Da solen gik ned, tog vi afsked og gik hver til sit. Næste gang vi mødtes, var det i en anden park. Igen var hun sent på den, men det gjorde mig ikke noget. Det var rart at have nogen at tale med, som **forstod** mig. Vi talte om vores drømme og **ambitioner,** om ting, vi ville gøre med vores liv. Hun fortalte mig om sine planer om at rejse rundt i verden, og jeg delte min drøm om at blive forfatter. Da solen gik ned på endnu en dag, sagde vi farvel endnu en gang og lovede at holde kontakten denne gang.

Årene gik, og vores **venskab** var fortsat stærkt, selv om vi nu boede i forskellige dele af landet. Vi

Le parc

Le soleil se couchait, et le parc était vide. Je me suis assise sur un banc, attendant mon **amie**. Nous avions prévu de nous retrouver ici il y a une heure, mais elle était toujours en retard. Au moment où j'allais abandonner et rentrer chez moi, je l'ai vue courir vers moi. "Je suis vraiment désolée", a-t-elle haleté en atteignant le banc. "Mon train a été **retardé**." "C'est bon", ai-je dit **avec indulgence**. "Je viens juste d'arriver." Nous nous sommes assis et avons bavardé pendant un certain temps, prenant des nouvelles de la vie de chacun depuis notre dernière rencontre. La conversation était fluide **et nous avions** l'impression que le temps n'avait pas passé depuis notre dernière rencontre. Au coucher du soleil, nous nous sommes dit au revoir et avons pris des chemins différents. La fois suivante, c'était dans un autre parc. Encore une fois, elle était en retard, mais ça ne m'a pas dérangé. C'était agréable d'avoir quelqu'un à qui parler et qui me **comprenait**. Nous avons parlé de nos rêves et de nos **aspirations**, des choses que nous voulions faire de nos vies. Elle m'a parlé de son projet de voyager dans le monde entier, et j'ai partagé mon rêve de devenir écrivain. Alors que le soleil se couchait sur un autre jour, nous nous sommes dit au revoir une fois de plus, en promettant de rester en contact cette fois-ci.

holdt kontakten gennem breve og lejlighedsvise telefonopkald, hvor vi delte nyheder om vores liv med hinanden. Da hun meddelte, at hun skulle giftes, blev jeg ikke **overrasket** - hun havde altid været den **eventyrlystne** type. Men da hun spurgte mig, om jeg ville være hendes brudepige ved hendes bryllupsceremoni, der fandt sted på den anden side af jorden fra hvor jeg boede... det krævede noget overtalelse! I sidste ende kunne jeg dog ikke lade min bedste veninde blive gift uden mig ved hendes side, så på trods af min frygt (og efter mange bønner fra hende!) **gik** jeg med til at tage med på det, der viste sig at blive et af sit livs **eventyr.**

Bryllupsdagen kom endelig. Jeg var nervøs, men spændt på at være en del af et så vigtigt øjeblik i min venindes liv. Ceremonien var smuk, og hun så glad ud, da hun afgav sine løfter. **Bagefter** fejrede vi det med en stor fest - det virkede som om alle, hun kendte, var kommet for at fejre med hende! Det var en **magisk** dag, som jeg aldrig vil glemme, og vores venskab blev kun stærkere efter dette eventyr. Nu, mange år senere, holder vi stadig kontakten. Vi har begge **ændret os** meget, siden vi mødtes første gang, men vores venskab er lige så stærkt som nogensinde.

Les années ont passé, et notre **amitié** est restée
forte, même si nous vivions désormais dans des
régions différentes du pays. Nous sommes restés en
contact par des lettres et des appels téléphoniques
occasionnels, partageant les nouvelles de nos vies
respectives. Lorsqu'elle a annoncé qu'elle allait se
marier, je n'ai pas été **surpris** - elle avait toujours été
du genre **aventureux**. Mais lorsqu'elle m'a demandé
si j'accepterais d'être sa demoiselle d'honneur à
la cérémonie de son mariage qui se déroulait à
l'autre bout du monde, loin de chez moi... il a fallu
la convaincre ! En fin de compte, je ne pouvais pas
laisser ma meilleure amie se marier sans moi à ses
côtés, alors malgré mes craintes (et après qu'elle m'ait
beaucoup suppliée !), j'ai **accepté de participer à** ce
qui s'est avéré être l'**aventure** de ma vie.

Le jour du **mariage** est enfin arrivé. J'étais nerveux,
mais excité de faire partie d'un moment si important
dans la vie de mon amie. La cérémonie était
magnifique, et elle avait l'air heureuse en prononçant
ses vœux. **Ensuite,** nous avons fait une grande fête
- on aurait dit que tous ses proches étaient venus
célébrer avec elle ! C'était un jour **magique** que
je n'oublierai jamais, et notre amitié n'a fait que se
renforcer après cette aventure. Aujourd'hui, des années
plus tard, nous restons toujours en contact. Nous avons
toutes deux beaucoup **changé** depuis notre première
rencontre, mais notre amitié est plus forte que jamais.

Forståelse spørgsmål

1. Hvor mødtes forfatteren og hendes veninde første gang?

2. Hvorfor kom forfatterens ven for sent til deres møde?

3. Hvad talte vennerne om, da de mødtes igen flere år senere?

4. Hvordan havde forfatteren det med at deltage i sin venindes bryllupsceremoni?

5. Beskriv rammerne for bryllupsceremonien.

6. Hvordan har venskabet mellem de to kvinder ændret sig med tiden?

7. Hvad er forfatterens drøm?

8. Hvor vil forfatterens ven rejse hen?

9. Hvorfor tøvede forfatteren med at deltage i sin venindes bryllupsceremoni?

Questions de compréhension

1. Où l'auteur et son ami se sont-ils rencontrés pour la première fois ?

2. Pourquoi l'ami de l'auteur était-il en retard à leur réunion ?

3. De quoi les amis ont-ils parlé lorsqu'ils se sont retrouvés des années plus tard ?

4. Qu'a ressenti l'auteur en assistant à la cérémonie de mariage de son amie ?

5. Décrivez le cadre de la cérémonie de mariage.

6. Comment l'amitié entre les deux femmes a-t-elle évolué au fil du temps ?

7. Quel est le rêve de l'auteur ?

8. Où l'ami de l'auteur prévoit-il de voyager ?

9. Pourquoi l'auteur a-t-elle hésité à assister à la cérémonie de mariage de son amie ?

www.ingramcontent.com/pod-product-compliance
Lightning Source LLC
Chambersburg PA
CBHW072230150726
48002CB00005B/2023